Anonymous

Schlesisches allergnädigst confirmirtes

Landschafts-Reglement

De dato Breßlau, den 9ten Juli, 1770

Anonymous

Schlesisches allergnädigst confirmirtes Landschafts-Reglement
De dato Breßlau, den 9ten Juli, 1770

ISBN/EAN: 9783744694414

Hergestellt in Europa, USA, Kanada, Australien, Japan

Cover: Foto ©ninafisch / pixelio.de

Weitere Bücher finden Sie auf **www.hansebooks.com**

Schlesisches
Allergnädigst CONFIRMIRTES
Landschafts-
REGLEMENT.

De Dato Breßlau, den 9ten Julii, 1770.

Zu haben bey Wilhelm Gottlieb Korn.

Wir Friderich, von GOttes Gnaden, König in Preußen, Marggraf zu Brandenburg, des Heiligen Römischen Reichs Erz-Cämmerer und Churfürst, Souverainer und Oberster Herzog von Schlesien, Souverainer Prinz von Oranien, Neufchatel und Valengin, wie auch der Grafschaft Glatz, in Geldern, zu Magdeburg, Cleve, Jülich, Berge, Stettin, Pommern, der Cassuben und Wenden zu Mecklenburg und Crossen Herzog, Burggraf zu Nürnberg, Fürst zu Halberstadt, Minden, Camin, Wenden, Schwerin, Rateburg, Ost-Frießland und Moers, Graf zu Hohenzollern, Ruppin, der Mark, Ravensberg, Hohenstein, Tecklenburg, Schwerin, Lingen, Bühren und Lerdam, Herr zu Ravenstein, der Lande Rostock, Stargard, Lauenburg, Bütow, Arlay und Breda, ꝛc. ꝛc. ꝛc.

Thun kund und fügen hiermit jedermänniglich zu wissen, daß nachdem Wir vermöge der Uns beywohnenden Landesväterlichen Gnade und Vorsorge vor Unsere getreue Vasallen und Unterthanen den grossen Nachtheil, Beschwerlichkeiten und Kosten welchen Unser getreuer Schlesischer Adel bey Negocirung derer zu seiner Nothdurft erforderlichen Gelder, wegen des überhand genommenen Mißtrauens derer Capitalisten zeithero exponirt gewesen, und dadurch öfters in die äußerste Verlegenheit und gänzlichen Ruin versetzt worden, huldreichst erwogen und denselben durch Etablirung einer Landschaft und Ausfertigung gewisser von derselben guarantirten Pfandbriefe abzuhelfen aus allerhöchst eigner Bewegung resolvirt, auch Unsre dißfällige allergnädigste Intention durch die an Unsern Etats- und Justiz-Ministre v. Carmer unterm 29 Aug. a. pr. erlaßne Cabinets-Ordre hinlänglich zu Tage gelegt; Welchem zu Folge sich die von denen getreuen Ständen Unsers Souverainen Herzogthums Schlesien und der Grafschaft Glatz auf ihren Creyß- und Fürstenthums-Tagen erwählte und hinlänglich instruirte Directores und Bevollmächtigten in Unsrer Haupt- und Residenzstadt Breslau zu einem General-Landtage versammelt und daselbst ein Reglement, wie die Verfassung der Landschaft in Ansehung ihrer Zusammenkünfte, Ausfertigung der Pfandbriefe, Administration der Cassen und überhaupt des ganzen Systems nach denen in obgedachter Unsrer allerhöchsten Cabinets-Ordre vorgeschriebenen Grundsätzen am füglichsten regulirt, und das allgemeine Wohl mit möglichster Ersparung der Kosten am zuverläßigsten befördert werden könne, mit gemeinschaftlichen Rath und Gutfinden entworfen und verabfaßt haben, welches nach seinem wahren Inhalt von Wort zu Wort also lautet:

Nachdem Se. Königliche Majestät in Preußen, unser allergnädigster Herr, bey ununterbrochener Rücksicht auf das Wohl Ihro getreuen Unterthanen, die Verlegenheit des Schlesischen Adels in Ansehung des zu seiner Nothdurft erforderlichen Geld-Verkehrs und der mancherley Schwierigkeiten womit dasselbe zeithero verknüpft gewesen, wahrgenommen, und diesem Uebel abzuhelfen, auch sowohl den gemeinen Landes-Credit als den Credit eines jeden Particuliers auf eine solide Art zu retabliren und auf künftige Zeiten zu befestigen, allergnädigst resolviret haben,

daß Ihro allerunterthänigst getreuen Stände eines jeden Schlesischen Creyßes und Fürstenthums unter sich, sodenn aber sämmtliche Fürstenthümer zusammen, in Verbindung treten, und ein gemeinschaftliches Landes-Collegium errichten sollen, welches alles was zur Erhaltung des öffentlichen Credits erforderlich ist respiciren, und nach besten Vermögen frey und ungehindert betreiben könne;

So hat zuförderst jeder Creyß seine Bevollmächtigten, diese aber ferner unter sich nach denen verschiedenen Fürstenthümern und Districten ihre Directores gewählt, in denen ausgeschriebnen Fürstenthums-Versammlungen über die Mittel, durch welche das Wohl des Landes und die Wiederherstellung des Credits am zuverläßigsten befördert werden könne, berathschlagt; auch diesen Berathschlagungen zu Folge ihre zur gegenwärtigen allgemeinen Zusammenkunft ernannte Bevollmächtigten dahin instruiret, daß sie mit endlichem Rath und Gutfinden der vereinigten Schlesischen und Glatzischen Deputirten alles thun und beschließen mögen, wodurch der allerhöchsten Intention Sr. Königl. Majestät ein Genüge geleistet, und also das Creditwesen des Landes auf einen sichern und dauerhaften Fuß gesetzt werden könne.

Sämmtliche auf dem gegenwärtigen allgemeinen Landtage erschienene und zu Ende unterschriebne Directores und Creyß-Eltesten der vereinigten Schlesischen Fürstenthümer, Freyen Standes-Herrschaften und Creyße mit Inbegrif der Grafschaft Glatz acceptiren also zuförderst die dem Lande durch die allerhöchste Cabinets Ordre vom 29ten August 1769. angekündigte Königliche Gnade mit tiefster Devotion, und versichern vor sich und im Namen ihrer Mit-Stände, daß sie diese neue und wichtigste Probe von der unermüdeten Landesväterlichen Vorsorge ihres Huldreichsten Monarchen mit der lebhaftesten Empfindung eines gegen seinen Souverain wahrhaftig treu gesinnten Herzens lebenslang verehren, und bis auf ihre spätesten Nachkommen fortzupflanzen beflißen seyn werden; Welchemnächst sie folgende Principia und Maaßregeln zum Behuf des neuen Landschafts-Systems der allererleuchtesten Königlichen Beurtheilung und Bestättigung allerunterthänigst submittiren.

A 2 Erster

Erster Theil.

Von der Landschaft überhaupt und denen durch selbige auszufertigenden Pfandbriefen.

Der eigentliche Vorwurf dieser neuen Landschaft ist die Wiederherstellung und Erhaltung des Credits der Schlesischen Stände. Beydes aber soll durch die Ausfertigung und Circulation gewisser privilegirten Pfandbriefe bewerkstelliget werden.

Cap. I.
Von der Natur und den Vorzügen der Landschaftlichen Pfandbriefe.

§. 1.

Pfandbriefe sind Hypothequen-Instrumente, Landschaftliche Pfandbriefe sind Hypothequen-Instrumente, welche von denen verbundenen Schlesischen Ständen auf Rittergüther ausgefertigt, und sowohl in Ansehung der Sicherheit des Capitals als wegen der richtigen und prompten Abführung der Intressen ihrem Inhaber guarantirt werden.

§. 2.

Werden von der Landschaft guarantirt. Der Vorzug, welchen diese Pfandbriefe vor denen zeitherigen blossen Hypothequen-Instrumenten haben, bestehet hauptsächlich in der ihnen beygelegten Landschaftlichen Guarantie, vermöge welcher denen Inhabern derselben, ausser dem darinn specialiter verschriebenen Gute, auch die Güter der gesammten zur Landschaft gehörigen Stände dergestalt verpfändet sind, daß alle sich auch durch die ausserordentlichsten Unglücksfälle an dem Fundo specialiter oppignorato ereignender Ausfall, dem Creditori von der Landschaft vertreten, und ihm deshalb ohne alle processualische Weitläuftigkeiten oder andre Kosten an Capital so wohl, als an Intressen, baare Zahlung geleistet werden muß.

§. 3.

Auf die Hälfte des Werths der Güther ausgestellt. Diese Pfandbriefe werden nur auf die erste Hälfte des von der Landschaft zu bestimmenden Werths eines Gutes ausgefertigt.

§. 4.

Denen Creditoribus mit 5 proCent. Sie werden denen Inhabern ohne Unterschied mit 5 proCent in halbjährigen Ratis verinteressirt.

§. 5.

durch die Landschaft verzinßt. Die Debitores entrichten die Interessen von diesen auf ihre Güter ausgefertigten Pfandbriefen in die Landschafts-Casse, und diese ist schuldig, solche in denen bestimmten Terminen an die Creditores, ohne den geringsten Aufenthalt und Kosten, gegen blosse Præsentation ihrer Pfandbriefe, auszuzahlen.

§. 6.

Auch durante concursu, Der Lauf dieser Verzinsung wird auch durch einen über das verpfändete Guth etwa entstandenen Concurs keinesweges unterbrochen, da Se. Königliche Majestät in der allerhöchsten Cabinets Ordre vom 29ten Aug. 1769. das ehemalige Landes-Gesetz, wornach denen Real-Gläubigern ihre Zinsen auch pendente Concursu bezahlt werden sollen, durchgehends wieder hergestellt haben.

§. 7.

Sie dürfen zu den Concurs-Kosten nichts beytragen, Es können auch die Pfandbriefs-Inhaber überhaupt niemahls in einigen Concurs verwickelt werden, da sie sich wegen ihres Capitals und Interessen lediglich an die Landschaft halten; diese aber nach mehr erwehnter allerhöchsten Cabinets-Ordre von aller Einlaßung in die Concurse und folglich auch von allem Beytrag zu den diesfälligen Gerichts- und andern Kosten, sie haben Nahmen wie sie wollen, völlig dispensirt ist.

§. 8.

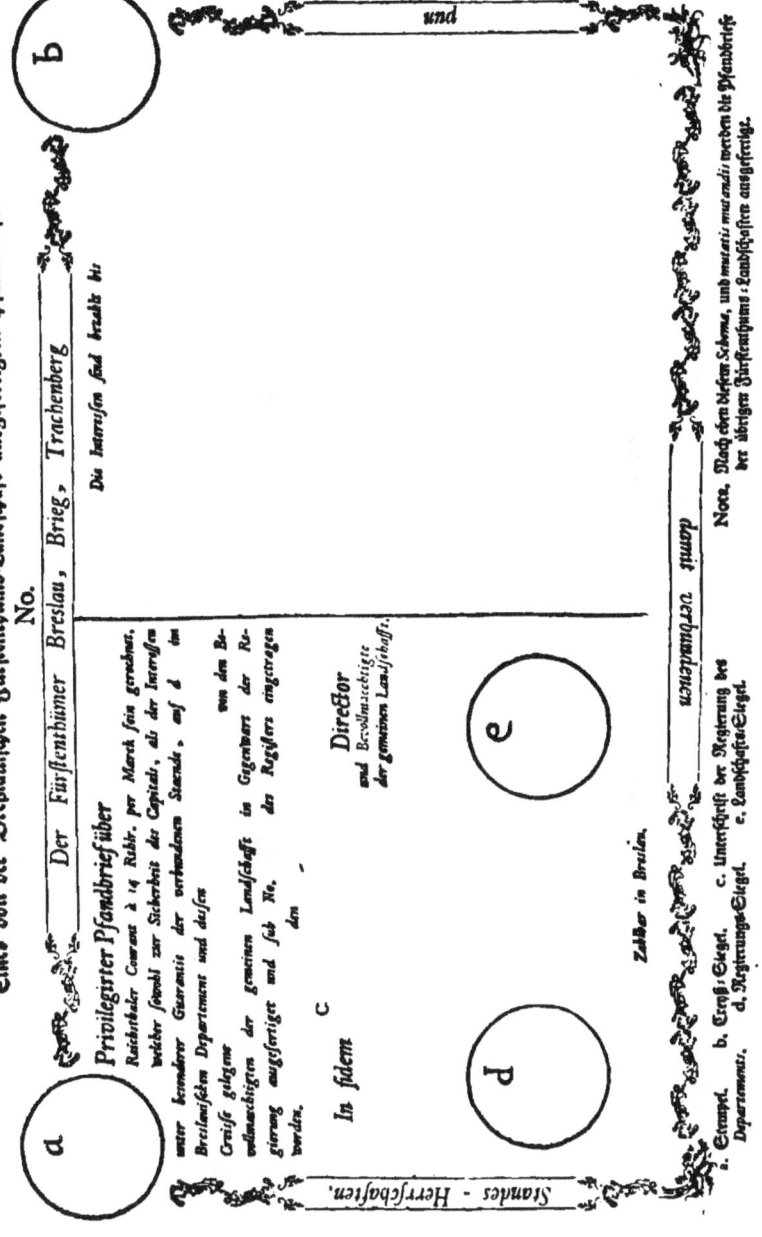

§. 8.

Sie hat also nicht nöthig, sich mit ihren Pfandbriefen auf ein dergleichen *noch sich beym ad Cridam verfallnes Gut in dem Liquidations-Termin zu melden, sondern Concurs einlassen.* der Richter ist angewiesen, da solche aus den Hypothequen-Büchern constiren, ex officio darauf Rücksicht zu nehmen.

§. 9.

Die Landschaftlichen Pfandbriefe sind alle von einerley Qualität, und *Sie können ganz* völlig gleichen Vorrechten, werden auch nicht auf den Nahmen dieses oder jenes *frey im Publico* besondern Gläubigers oder Schuldners, sondern nur auf gewisse Güter aus- *circuliren,* gestellt. Sie können daher ohngehindert im Publico circuliren, und aus einer Hand in die andre übergehen, ohne daß es dazu einer Cession, Giro oder andern Weitläuftigkeit bedarf; daß also die blosse Production hinlänglich ist jeden Innhaber eines solchen Pfandbriefs als den Eigenthümer desselben so wohl in Ansehung des Capitals als der Interessen bey der Landschaft zu legitimiren.

§. 10.

Wegen der Ablösung dieser Pfandbriefe ist ein Unterschied zu machen, *Sie sind entwe-* zwischen den grossen oder Capitals und den kleinen oder Realisations- *der Capitals- oder* Briefen. Unter den letztern werden diejenigen verstanden, welche auf kleinere *Realisations-Brie-* Quanta von 20. bis 100 Rthlr. unter den ersteren aber solche die auf höhere *fe.* Summen ausgestellt sind. Diese werden der Landschaft von denen Debitoribus vor der Hand mit 5. jene hingegen mit 6 pro Cent berinteressiret.

§. 11.

Die Realisations-Briefe machen den zehnten Theil von der Summe sämt- *Auf was vor* licher auf ein Gut expedirten Pfandbriefe aus, und werden also z. E. auf ein *Quanta letztere ge-* Quantum von 10000 Rthlr. Tausend Reichsthaler in dergleichen kleinen Pfand- *stellt werden.* briefen ausgefertiget.

§. 12.

Die Realisation der Pfandbriefe von beyden Gattungen geschiehet durch *Von Ablösung* die Landschaft, welche die grösseren oder Capitals-Briefe nach vorgängiger halb- *der Capitals- und* jähriger Aufkündigung mittelst baarer Bezahlung ablöst.

§. 13.

Die kleinere Pfandbriefe hingegen werden aus einem besondern Fond, *Realisations-Briefe* welchen Se. Königliche Majestät der Schlesischen Landschaft zu diesem Behuf *durch die Land-* gegen blosse zur Unterhaltung armer adlicher Wittwen und Waysen bestimmte *schaft; und* Verzinsung à 2 pro Cent, auf ewige Zeiten zu überlassen allergnädigst geruhet haben, auf jedesmaliges Erfordern realisiret, so daß es dabey keiner Aufkündigung bedarf, sondern es einem jeden freystehet, sich seine besitzende kleine Pfandbriefe, wenn und so bald er will, bey diesem Fond in baares Geld umsetzen zu lassen.

§. 14.

Da diese Gattung der Pfandbriefe durch ihre prompte Realisation hinläng- *deren Verzinsung* lich avantagirt ist, und deren Inhaber durch eine solche an keine Zeit noch Auf- *von den Schuld-* kündigung gebundene Disposition über die darinn verschriebenen Capitalien einen *nern.* Vortheil erhalten, welchen sie nach der Natur des mit ihren Schuldnern geschlossenen Pacti zu fordern nicht berechtiget waren; so wird das 6te pro Cent welches die Debitores bezahlen, unter allerhöchster Königlicher Approbation denen Fürstenthums-Cassen zu Bestreitung der Kosten zugeeignet.

Cap. II.

Von denen Personen und Gütern, welche zur Ausstellung von Pfandbriefen qualificirt sind.

§. 1.

Landschaftliche Pfandbriefe werden nur auf Güter ertheilt, welche von *Pfandbriefe kön-* Adlichen besessen werden können; es folgt also von selbst, daß auch nur diese- *nen nur auf adli-* nigen, welche dergleichen Güter würklich besitzen, solche zu suchen berechtigt *ge Güter und* sind.

B §. 2.

§. 2.

von Personen, welche Schulden contrahiren können, ausgestellte werden.

Eben so fließt es schon aus der Natur der Sache, daß nur solche Personen, welche den Rechten nach Schulden contrahiren können, und nur in so fern als sie dazu qualificirt sind, auf die Befugniß Landschaftliche Pfandbriefe auszustellen, einen Anspruch machen dürfen.

§. 3.

Was bey gewissen Arten von Gütern zu mercken.

Da es aber verschiedene Gattungen von Gütern in Schlesien giebt, in Ansehung deren die Befugniß ihrer Besitzer Schulden darauf zu contrahiren, in gewisse Ordnien eingeschränkt ist, so sind auch bey diesen, wenn sie mit Landschaftlichen Pfandbriefen beleget werden sollen, gewisse besondre Modalitäten zu beobachten.

§. 4.

1) Bey Lehnen und Fideicommiß-Gütern wie

Anlangend die Fideicommisse, Majorate und Feuda stricta, so muß bey diesen, wenn Pfandbriefe darauf zu ertheilen sind, alles dasjenige genau beobachtet werden, was die Landes- und Lehn-Rechte oder auch das Fideicommiß-Institutum und andre verhandene Pacta Familiæ in Ansehung ihrer Verpfändung überhaupt vorschreiben.

§. 5.

Consensus Principis et agnatorum erfordert wird.

Es ist also dazu hauptsächlich der Consensus Summi principis et agnatorum erforderlich, welcher entweder simpliciter oder nur ad certum tempus ertheilt wird. Erstern Falls hat es mit der Verpfändung solcher Güter in so weit gleiche Bewandniß, wie mit andern Allodiis. Letztern Falls hingegen, und wenn der Consens nur auf eine gewisse Zeit oder auch zugleich unter der Bedingung ertheilt worden, daß das aufgenommene Capital bis zu deren Ablauf in gewissen Ratis wiederum getilgt werden solle, so muß der Besitzer diese Ratas zur bestimmten Zeit in præsentia der versammleten Landschaft gehörig abführen, oder die erforderliche Prolongation des Consenses beybringen; in dessen Entstehung die Landschaft solche von ihm, mittelst Sequestration des Gutes eben so wie bey Incessen-Rückständen geschiehet, beytreiben wird.

§. 6.

2) Bey Gütern gewisser Communitæten, welche

Ratione derer gewissen Communitæten, Piis Corporibus oder Personis moralibus zugehörigen Güter wird, wenn solche mit Pfandbriefen beleget werden sollen, die Einwilligung derjenigen, ohne deren Zuthun selbige entweder nach den Landes-Gesetzen, oder nach der Observanz nicht valide oppignorirt werden können, erfordert.

§. 7.

in so weit den Landschaftlichen Verfügungen unterliegen.

Alle dergleichen Güter, so bald sie solchergestalt mit Pfandbriefen beleget worden, sind in so weit allen landschaftlichen Gesetzen und Einrichtungen schlechterdings unterworfen, dergestalt, daß die von denen Pfandbriefen zu zahlenden Interessen zunächst nach den Steuern und publiquen Abgaben vor allen andern Præstandis, sie haben Namen wie sie wollen, gezahlt werden müssen, auch wenn solche zurück bleiben, dergleichen Güter so gut als andre der landschaftlichen Sequestration ohne weitere Rückfrage ausgesetzt bleiben.

§. 8.

3) Bey geistlichen Gütern,

Was in specie die geistlichen Güter betrifft, so wird ratione der Dohm-Capitular- und Creutz-Stifts-Güter erfordert, daß dergleichen Darlehn cum consensu majoris partis Capituli aufgenommen, auch die Suppliquen um Ertheilung diffälliger Pfandbriefe von besagten größern Theile unterschrieben werden. Bey allen andern Stiftern und Clöstern hingegen ist nur die Unterschrift des Prælaten, Abts, Prioris, oder Superioris u. s. w. mit zwey andern derer ältesten Conventualen erforderlich; und versteher sich rations dieser Güter überhaupt von selbst, daß nach der Landes-Verfassung deren Verpfändung und folglich auch deren Belegung mit Pfandbriefen nicht anders als auf beygebrachten Consens der Königl. Krieges- und Domainen-Cammer unter deren Inspection sie stehen, statt finden könne.

§. 9.

§. 9.

Dahingegen nehmen an dem gegenwärtigen Systom keinen Antheil   welche Güter an
  1.) die Königlichen Aemter   der Landschaft
  2.) die unter der Aufsicht der Königl. Cammern stehende Cämme- keinen Theil neh-
      rey-Güter   men, und
weil solche ihrer Verfassung nach keine Real-Schulden zu contrahiren brauchen.

§. 10.

Ferner sind zur Aufnehmung von Pfandbriefen nicht qualificirt   davon ausge-
  1.) diejenigen Güter, welche nicht unmittelbar von einer der schlossen sind.
      Schlesischen Ober-Amts oder Mediat-Regierungen ressortiren.
  2.) Solche Fideicommisse und Majorate ratione deren in dem Fun-
      dations-Instrument, eine Verpfändung simpliciter und selbst
      unter Consens des Landes-Herrn und deren Agnaten verbo-
      ten ist.

Zweyter Theil.

Von denen landschaftlichen Collegiis und deren Einrichtung.

Die Schlesische Landschaft wird nach der allerhöchsten Königl. Intention aus denen in jeden Creyß erwählten Landes-Eltesten bestehen, diese werden unter sich nach den verschiednen Districten die Fürstenthums-Collegia, die Bevollmächtigten der Fürstenthums-Collegiorum aber das allgemeine Landschafts-Collegium constituiren, welches entweder selbst oder durch seine Repræsentanten und Subdelegirten alles zu besorgen hat, was zu Aufrechthaltung des Systems und Befolgung deren im vorigen Theil establirten Grundsätze desselben erforderlich ist.

Da also nothwendig jemand seyn muß, welcher dieses wichtige Werk dirigiren kan, das System im Ganzen übersiehet, und alle Theile desselben nach denen einmal feststehenden Principiis zusammen hält; so haben Se. Königliche Majestät zu diesem Behuf bereits in der allerhöchsten Cabinets-Ordre vom 29ten August. 1769. die Ernennung eines General-Landschafts-Præsidenten und die Errichtung einer Haupt-Landschafts-Commission nöthig gefunden.

Cap. I.

Von dem General-Landschafts-Præsidenten.

§. 1.

Die Ernennung des Præsidenten haben Se. Königl. Majestät sich aller- Se. Königl. Ma-
höchst Selbst vorbehalten. Inzwischen hoffen die allergetreuesten Stände, jestät ernennen
und tragen allerunterthänigst dahin an; daß Höchstgedachte Se. Königl. Ma- den Præsidenten,
jestät dazu jedesmal ein Subjectum aus dem in Schlesien würklich possessionir- welcher
ten Adel zu bestimmen allergnädigst geruhen möchten.

§. 2.

Dieser General-Landschafts-Præsident wird vorzüglich darauf Acht geben, auf die allerhöch-
womit die Grundsätze des Systems von allen und jeden, welche dabey concur- sten Gerechtsame
riren, genau beobachtet, und nirgend etwas so denen allerhöchsten Gerecht- invigilirt.
samen Sr. Königl. Majestät und denen eingeführten Landes-Verfassungen zuwider ist, vorgenommen werde.

§. 3.

bey allen Landschaftlichen Collegiis præsidiren kan, Er ist also berechtigt bey allen landschaftlichen Zusammenkünften und Collegiis ohne Unterscheid, wo er es nöthig findet, zu præsidiren.

§. 4.

in specie bey dem General-Landtage, bey der Haupt-Landschafts-Commission und dem Ausschuß. In specie aber führet er das Præsidium bey dem General-Landtag, bey der Haupt-Landschafts-Commission und bey dem engern Ausschuß.

§. 5.

Er kan Cassen-Visitationes verfügen, und Gleichergestalt ist er berechtigt überall, wo er es nöthig findet, Cassen-Visitationes und Rechnungs-Revisiones zu verordnen.

§. 6.

muß überall auf gute Ordnung sehen. Uebrigens wird er besonders mit darauf sehen, daß in allen Landschaftlichen Collegiis eine gute Ordnung eingeführet und erhalten werden möge.

Cap. II.
Von der Haupt-Landschafts-Commission.

§. 1.

Was die Haupt-Landschafts-Commission ist. Die Haupt-Landschafts-Commission ist ein Collegium, welches aus dreyen Repræsentanten oder Bevollmächtigten der Stände, unter dem Vorsitz des General Landschafts-Præsidenten bestehet.

§. 2.

Wie die Repræsentanten gewählt, und Diese Repræsentanten werden von denen Deputirten der Stände aus denen drey Oberamtlichen Departements nach Mehrheit der Stimmen, derer zu jedem derselben gehörigen Fürstenthümer erwählt. Wenn aber irgendwo vota paria vorhanden sind, und die Departements-Systemata sich auf keinerley Art über ein Subjectum vereinigen können, so werden sie alsdenn die vorgeschlagne Subjecta dem Præsidenten zur Wahl und Entscheidung presentiren.

§. 3.

confirmirt werden Es verstehet sich von selbst, daß diese von denen Ständen gewählte Repræsentanten Sr. Königl. Majestät zur Allerhöchsten Genehmigung submittiret werden müssen.

§. 4.

Von den äussern und Es kan zu dieser Charge kein anderer als ein Schlesischer von Adel der das Incolat hat, gelangen; doch ist es eben nicht nothwendig, daß er mit Ritter-Güttern würklich angesessen sey.

§. 5.

innern Qualitæten die zu dieser Charge erforderlich sind. Die Stände werden jederzeit selbst darauf bedacht seyn, daß zu diesem wichtigen Posten nur Männer von einem untadelhaften Character, von bekannter Geschicklichkeit und einer genauen Kenntniß des Landes, besonders desjenigen Departements, welches sie repræsentiren sollen, gewählt werden: Auch müssen dieselbe einige Studia besitzen und sich wo möglich in öffentlichen Geschäften bereits einigermaßen routiniret haben.

§. 6.

Von dem Sitz und modo deliberandi dieses Collegii. Dieses Collegium hat seinen beständigen Sitz in Breßlau wo es die Zeit und Anzahl seiner Sessionen nach der Menge der vorkommenden Geschäfte reguliret. Diese werden von ihm per Majora abgemacht, wenn aber paria vorhanden sind, so giebt das Votum des Præsidenten den Ausschlag.

§. 7.

Von dem General-Landschafts-Syndico und An Subalternen gehöret zu dieser Commission zuförderst der General-Landschafts-Syndicus; zu diesem Posten wird ein Mann erfordert, welcher seine Studia Juridica absolviret hat, in keiner andern Verbindung stehet, und in Geschäften kein Neuling, sondern schon einigermaßen routinirt, auch sonst von einer unbescholtenen Conduite und Lebenswandel ist.

§. 8.

§. 8.

Diejenigen, welche diese Charge ambiren wollen, müssen sich bey der Haupt-Landschafts-Commission melden, und sich in Ansehung ihrer dazu besitzenden Fähigkeiten einer Prüfung unterwerfen. Uebrigens wird gedachte Commission jederzeit dahin sehen, daß diese Charge keinem Subjecto conferirt werde, gegen welches ein und andres Fürstenthum etwas zu erinnern haben könnte; und müssen dieserhalb die Repræsentanten denen Fürstenthums-Collegiis ihres Departements von dem vorgeschlagenen Subjecto Nachricht geben, und deren Erklärungen darüber einziehen.

Erwählung.

§. 9.

Sonst ist bey dieser Haupt-Landschafts-Commission auch noch ein Registrator und Canzellist, wie nicht weniger ein Rendant und Controlleur und endlich auch ein Canzelley- und Cassen-Diener erforderlich.

Was sonst noch vor Subalternen sind, und

§. 10.

Die Bestellung dieser Subalternen insgesamt wird der Haupt-Landschafts-Commission überlassen, welche denen Ständen davor repondiren muß, daß die von ihr gewählten Subjecta die erforderlichen Qualitæten besitzen.

von wem sie bestellt werden.

§. 11.

So wie der Registrator die Registratur des Collegii welche zugleich gewissermaßen die gemeine Landes-Registratur vorstellet, in Ordnung hält, so besorgt der Canzellist das Mundiren sämtlicher von der Commission erlaßnen Decrete und übrigen Correspondenz derselben. Die Bestellung aber geschiehet durch den Canzeley-Diener, welchem auch die Aufwartung bey den Sessionen und überhaupt die Befolgung derer ihm von dem Collegio aufgetragnen Verrichtungen oblieget.

Von dem Registrator und Canzellisten.

§. 12.

Der Rendant und Controlleur sind hauptsächlich bey der unter der Direction der Haupt-Landschafts-Commission stehenden Realisations-Casse erforderlich, doch können sie auch bey andern durch die Hände dieses Collegii gehenden Fonds mit gebraucht werden, und müssen übrigens eine der ihnen anvertrauten Casse proportionirte Caution præstiren.

Von dem Rendanten und Controlleur.

§. 13.

Die Beschäftigung der Haupt-Landschafts-Commission bestehet überhaupt darinn, daß sie auf eine genaue und durchgängige Befolgung der Grund-Sätze des Systems Acht haben, was zum gemeinen Besten der Landschaft und deren Credits gereicht möglichst befördern, und hingegen allen demjenigen was diesem zuwieder und nachtheilig ist, schleunigsten Einhalt thun solle.

Von dem Verrichtungen der Haupt-Landschafts-Commission.

§. 14.

Hieraus folgt von selbst, daß die dahin einschlagende Verfügungen dieser Commission von sämmtlichen Fürstenthums-Collegiis und Creyß-Eltesten gehörig in Obacht genommen, und diejenigen, welche sich denenselben widersetzen, durch der Sache gemäße media coercendi dazu angehalten werden müssen.

1) Die Fürstenthums Collegia in Ordnung zu halten.

§. 15.

Alle Klagen und Anzeigen gegen ein und anderes Fürstenthums-Collegium oder dessen Directorem, sie mögen herkommen wo- und bestehen worinn sie wollen, gehören also vor diese Commission. müssen von derselben untersucht und nach denen Grund-Sätzen des Systems entschieden werden.

2) Die Klagen wider selbige zu untersuchen und

§. 16.

Es verstehet sich von selbst, daß hierbey kein Proceß statt finde, sondern auf dergleichen eingekommne Klagen und Anzeigen nur der Bericht der beschuldigten Fürstenthums-Landschaft erfordert, und so denn nach Beschaffenheit der Umstände eine Commission aus dem benachbarten Fürstenthums-Collegio zur Untersuchung angeordnet, auf deren Relation aber die Sache ohne fernere Weitläuftigkeit entschieden werden müsse.

zu entscheiden.

§. 17.

Alle Erinnerungen und Bemerkungen, welche zur Verbesserung des Systems in diesem oder jenem Stücke gemacht worden, werden an die Haupt-Landschafts-Commission eingesendet;

3) Die eingesendten Projecte zu untersuchen.

§. 18.

In zweiffelhaften Fällen, wo etwa durch gegenwärtiges Reglement nicht genugsam deutliche und umständliche Versehung erfolgt seyn sollte müssen die

4) Interimistica festzusetzen.

C   Für-

Fürstenthums-Collegia bey dieser Haupt-Landschafts-Commission anfragen, welcher es zukommt, sie darüber zu bescheiden.

§. 19.

5) Die Realisations-Casse zu dirigiren.
Diese Commission hat ferner die Ober-Aufsicht über sämmtliche Landschaftliche Cassen, in specie aber die Direction des allerhöchst bewilligten Realisations-Fond (P. III. Cap. VII.)

§. 20.

6) Die Interessen-Bestände auszuzahlen.
Die Bestände derer in den Fürstenthümern nicht erhobenen Interessen werden von sämmtlichen Fürstenthums-Landschaften an diese Commission zur weitern Vertheilung an die sich bey ihr meldende Creditores eingesendet. (P. III. Cap. IV.)

§. 21.

7) Cassen-Visitationes vorzunehmen.
Die Haupt-Landschafts-Commission ist ferner berechtigt, wo und so oft sie es nöthig findet, Cassen-Visitationes anzustellen, Rechnungen zu erfordern, solche zu untersuchen, und abzunehmen oder dazu aus andern Landschaftlichen Collegiis Commissarien zu ernennen. (P. III. Cap. VII.)

§. 22.

8) Auswärtige Darlehne zu negoiciren.
Wenn die Landschaft auf einem General-Landtage unter allerhöchsten Approbation auswärtige Dahrlehne zu suchen beschlossen hat, so gehöret die fernere Unterhandlung, die Einziehung der Gelder, deren nach dem Conclulo erfolgende Vertheilung unter die Fürstenthums-Landschaften, die Uebermachung der Interessen an die auswärtigen Creditores u. s. w. insgesammt zu dem Officio der Haupt-Landschafts-Commission.

§. 23.

9) Die Correspondenz mit den Landes-Collegiis zu besorgen.
Ferner führet dieselbe die Correspondenz mit allen ein- und ausländischen Königlichen und andern Collegiis in Angelegenheiten welche das Ganze des Systems und das allgemeine Interesse der Landschaft betreffen.

§. 24.

10) Den General-Landtag auszuschreiben.
Endlich kan auch die Haupt-Landschafts-Commission wenn sie solches nöthig findet, einen General-Landtag ausschreiben.

§. 25.

Von Vereydung der Repräsentanten und Subalternen.
Die Repräsentanten, der Syndicus und übrigen Subalternen werden von dem Praesidenten folgendermaßen vereydet.

Eydes-Notul

vor die Repräsentanten der Haupt-Landschafts-Commission.

Ich schwöre zu Gott dem Allmächtigen einen leiblichen Eyd, daß nachdem ich zu einem Repräsentanten des   Departements bey der Schlesischen Haupt-Landschafts-Commission erwählet worden, ich zuförderst auch in diesem meinem Amte Sr. Königlichen Majestät in Preussen, meinem allergnädigsten König und Landes-Herrn, als ein getreuer Vasall hold, unterthänig und gewärtig seyn wolle.

Sodann schwöre ich denen Pflichten meines Amtes nach Vorschrift des Haupt-Landschafts-Reglements getreulich, lediglich nach meiner Pflicht und Gewissen und ohne alle eigennützige und sonst partheyische Neben-Absichten obzuliegen, den Nutzen und das Beste der gemeinen Landschaft in allem was an mir ist, zu befördern, Schaden und Nachtheil aber nach meinem besten Vermögen abzukehren; auf eine genaue Beobachtung der Grundsätze des Systems überall ein wachsames Auge zu richten, allen Rath und Bemühung dahin zu verwenden, womit der Credit der Landschaft auf einen soliden Fuß gesetzt und beständig erhalten werden möge. Insbesondere schwöre ich mit denen bey Gelegenheit der eingesendeten Interessen-Bestände, der Administration des Realisations-Fonds, und der etwa zu negocirenden auswärtigen Darlehne, durch meine Hände gehenden Geldern, getreulich zu gebahren, nichts davon abhanden zu bringen, oder daß solches von andern geschehe, zu gestatten,

gestatten, und mich überall so zu betragen, wie es einem ehrlichen Manne und rechtschaffnen Landschafts-Repræsentanten eignet und gebühret. Getreulich und sonder Gefährde. So wahr rc. rc.

Eydes-Notul
vor den General-Landschafts Syndicum.

Ich schwöre zu Gott dem Allmächtigen einen leiblichen Eyd, daß nachdem ich zum General-Landschafts-Syndico bey der Schlesischen Haupt-Landschafts-Commission bestellt worden, ich zuförderst Sr. Königlichen Majestät in Preussen, meinem allergnädigsten König und Landes-Herrn treu, hold und unterthänig seyn wolle; Sodann schwöre ich, daß ich die Pflichten dieses meines Postens nach denen dißfälligen Vorschriften des Haupt-Landschafts-Reglements ohnverbrüchlich beobachten, die Protocolla und Rechnungen richtig und getreulich führen, und nichts dabey weglassen, zusetzen oder verfälschen, die Expeditiones Vorschriftsmäßig und mit aller Sorgfalt und Accuratesse entwerfen, bey Verwaltung der Realisations und andern Cassen, in sofern ich dazu gebraucht werden sollte, mit denen durch meine Hände gehenden Geldern treu und ordentlich gebahren, nichts davon abhanden bringen, oder daß solches von andern geschehe, gestatten, auch überhaupt, die nöthige Verschwiegenheit ohnverbrüchlich beobachte, und mich durchgehends so betragen wolle, wie es einem ehrlichen Manne und rechtschaffnen Landschafts-Syndico wohl anstehet und gebühret. So wahr rc. rc.

Eydes-Notul
vor den Haupt-Landschafts-Rendanten.

Ich schwöre zu Gott dem Allmächtigen einen leiblichen Eyd, daß nachdem ich zum Rendanten bey der Schlesischen Haupt-Landschafts-Commission bestellt worden, ich denen Verrichtungen dieses meines Postens nach dißfälliger Vorschrift des Reglements und meiner Instruction alles Fleißes obliegen, mit allen durch meine Hände gehenden, und besonders mit denen mir anbertrauten Realisations-Geldern getreulich gebahren, nichts davon abhanden bringen, noch daß solches von andern geschehe, gestatten, die Rechnungen ordentlich und accurat führen, Einnahme und Ausgabe darinn richtig vermerken, denen Realisations-Forderern prompt und ohne den mindesten Abzug Zahlung leisten, die realisirten Pfand-Briefe zur Haupt-Casse richtig abliefern, und mich überall nach Pflicht und Gewißen so verhalten wolle, wie es einem ehrlichen Manne und rechtschaffnen Haupt-Landschafts-Rendanten wohl anstehet und gebühret. Getreulich und sonder Gefährde. So wahr rc. rc.

Eydes-Notul
vor den Haupt-Landschafts Controlleur.

Ich schwöre zu Gott dem Allmächtigen einen leiblichen Eyd, daß nachdem ich zum Controlleur bey der Schlesischen Haupt-Landschafts-Commission bestellt worden, ich denen Verrichtungen dieses meines Postens, nach dißfälliger Vorschrift des Reglements und meiner Instruction alles Fleißes obliegen, mit allen durch meine Hände gehenden, und besonders mit denen mir zugleich mit anbertrauten Realisations-Geldern getreulich gebahren, nichts davon abhanden bringen, noch daß solches von andern geschehe, gestatten, die Rechnungen ordentlich und accu-

accurat controlliren, Einnahme und Ausgabe in meiner Controlle richtig bemerken, daß denen Realisations-Forderern promt und sonder den mindesten Abzug Genüge geleistet, auch die realisirten Pfand-Briefe zur Haupt-Casse richtig abgeliefert werden, Sorge tragen, und mich überall nach Pflicht und Gewissen so verhalten wolle, wie es einem ehrlichen Manne und rechtschaffenen Haupt-Landschafts-Controlleur wohl anstehet und gebühret. Getreulich und sonder Gefährde. So wahr 2c. 2c.

Eydes-Notul
vor den Haupt-Landschafts-Registrator.

Ich schwöre zu Gott dem Allmächtigen einen leiblichen Eyd, daß nachdem ich zum Registrator bey der Schlesischen Haupt-Landschafts-Commission bestellt worden, ich diesem meinem Amte nach den dießfälligen Vorschriften des Reglements und meiner Instruction treulich vorstehen, die mir anvertraute Registratur in gehöriger Ordnung halten, Acta ordentlich heften, Foliiren und rotuliren, alle mir anvertraute Schriften und andre Piecen sorgfältig verwahren, nichts davon ohne Vorwißen des Præsidenten und des Collegii jemand vorlegen oder verabfolgen laßen, und mich überall nach Pflicht und Gewißen so betragen wolle; wie es einem ehrlichen Manne und ordentlichen Registratori wohl anstehet und gebühret. So wahr 2c. 2c.

Eydes-Notul
vor den Haupt-Landschafts-Canzellisten.

Ich schwöre zu Gott dem Allmächtigen einen leiblichen Eyd, daß nachdem ich zum Canzellisten bey der Schlesischen Haupt-Landschafts-Commission bestellt worden, ich diesem meinem Amte getreulich obliegen, die vorkommenden Expeditiones ordentlich und accurat mundiren, vor deren Bestellung die erforderliche Sorge tragen, in Ansehung alles deßen was mir unter die Feder gegeben wird, eine ohnbrüchliche Verschwiegenheit beobachten, und solches niemand lesen laßen, und überhaupt nach Pflicht und Gewissen alles thun wolle, was einem getreuen Canzellisten eignet und gebühret. So wahr 2c. 2c.

Eydes-Notul
vor den Haupt-Landschafts-Bothen.

Ich schwöre zu Gott dem Allmächtigen einen leiblichen Eyd, daß nachdem ich zum Bothen bey der Schlesischen Haupt-Landschafts-Commission bestellt und angenommen worden, ich diesem meinem Amte mit allem treuen Fleiße vorstehen, die Briefe und Decrete wie mir befohlen worden, getreulich bestellen, auch andre des Præsidenten und des Collegii Befehle mit Fleiß ausrichten, bey den Sessionen ordentlich aufwarten, über alles was dabey vorfällt, ein ohnbrüchliches Stillschweigen beobachten, auf die Sicherheit des Versammlungs-Hauses und der Casse ein wachsames Auge haben, und mich überall nach Pflicht und Gewissen treu, fleißig und gehorsam betragen wolle. So wahr 2c. 2c.

Cap. III.

Cap. III.
Von dem engern Landes-Ausschuß.

§. 1.

Es wird theils um der Haupt-Landschafts-Commission zur Controlle zu dienen theils um das Land besto näher zusammen zubringen, und gleichwohl die gar zu öftere mit vielen Kosten verbundene Ausschreibung des General-Landtags zu vermeyden ein engerer Ausschuß bestellt. *Von der Absicht des Ausschußes,*

§. 2.

Jedes Landschaftliche System sendet dazu einen aus dem Mittel seines Fürstenthums-Collegii zu erwählenden Bevollmächtigten. *woraus derselbe bestehe,*

§. 3.

Dieser Ausschuß versammelt sich jährlich einmal und zwar mit dem 1ten Februar in Breßlau. *wenn er sich versammle*

§. 4.

Seine Beschäfftigungen bestehen zuförderst in Revision sämmtlicher unter Administration der Haupt-Landschafts-Commission stehenden Cassen und Abnahme der disfälligen Rechnungen. *Seine Beschäftigungen. 1) Die Rechnungen zu revidiren,*

§. 5.

Die Haupt-Landschafts-Commission ist schuldig diesem engern Ausschuß von allem was er zu wißen verlangt Nachricht und Auskunft zu ertheilen. Wenn in denen Cap. antec. d. §. 15. 16. angezeigten Fällen ein oder der andre Theil bey dem Deciso der Haupt-Landschafts-Commission nicht acquiesciren will, so stehet ihm alsdenn der Recurs an den Ausschuß offen welcher conjunctim mit der Haupt-Landschafts-Commission die Sache nochmahls untersucht und finaliter decidirt, dergestalt jedennoch daß denen Verfügungen dieser letztern intermistice & salvo jure Folge geleistet werden muß. Uebrigens verstehet es sich von selbst, daß in diesem und dergleichen Fällen, wo die Repræsentanten mit dem Ausschuß concurriren, ihnen nur ein Votum consultativum zustehe. *2) Die Beschwerden über die Haupt-Landschafts-Commission zu untersuchen.*

§. 6.

Die Haupt-Landschafts-Commission und der Ausschuß bestimmen gemeinschaftlich welche von denen an erstere eingesendeten Vorschlägen, und Entwürffen auf einem künftigen General Landtage in Vortrag gebracht werden sollen. *3) Die Proponenda des General-Landtags zu reguliren,*

§. 7.

Wenn irgend worüber Zweifel und Bedenklichkeiten vorkommen, und darüber bey der Haupt-Landschafts-Commission angefragt wird, so kan zwar diese in Fällen wo sie dafür hält, daß dergleichen Anfragen sich aus dem Reglement selbst erlediget, die dißfällige Vorbescheidung ergehen laßen. Inzwischen ist dem Referenten unbenommen, von dieser Vorbescheidung auf den Ausschuß zu provociren, welcher alsdenn gemeinschaftlich mit der Haupt-Landschafts-Commission die Sache nochmahls in Erwegung ziehet, und das erforderliche per majora festsetzt. Unterdeßen aber und bis der Ausschuß zusammen kommt, müßen in Fällen wo der Verzug nachtheilig seyn könnte, die Verfügungen der Haupt-Landschafts-Commission befolgt werden. *4) Die Entscheidungen der Haupt-Landschafts-Commission zu revidiren,*

§. 8.

Ist aber die Anfrage oder das proponirte Dubium von der Beschaffenheit, daß die Haupt-Landschafts-Commission solches aus dem Reglement zu decidiren ein Bedenken findet, so bleibt die Entscheidung ausgesetzt, bis der Ausschuß zusammen kommt, wo als denn das erforderliche intermisilicum gemeinschaftlich per major, bestimmt wird. *5) Die von selbst zulassen, Anfragen zu entscheiden,*

§. 9.

Es hat zwar dabey sein Bewenden, daß die Haupt-Landschafts-Commission die Correspondenz mit denen Königlichen und andern Collegiis in gemeinen Landes-Angelegenheiten führet. Solte jedoch in dieser Correspondenz etwas vorkommen, welches zu einem wesentlichen Vortheil oder Nachtheil des Systems ausschlagen könnte, so wird die Haupt-Landschafts-Commission dergleichen Sachen bis zur nähern Ueberlegung mit dem Ausschuß insuspenso laßen. *6) Die Bedenklichkeiten bey der Correspondenz mit dem Landes-Collegiis zu bestimmen.*

§. 10.

§. 10.

7) Einen General-Landtag zu veranlaſſen.
Es ſtehet zwar wie obgedacht, der Haupt-Landſchafts-Commiſſion frey einen General Landtag auszuſchreiben. Wenn aber auch ſolches von ihr nicht geſchiehet, ſo iſt der Ausſchuß, ſo bald er es nöthig findet, ſothane Ausſchreibung auch ohne ſie zu reſolviren, berechtigt.

§. 11.

Der Ausſchuß ſtehet unter dem General-Landſchafts-Præſidenten.
Uebrigens verſtehet es ſich (ex Cap. II. §. 3.) von ſelbſt, daß der General-Landſchafts Præſident, ſo wie ihm ſolches bey allen andern Landſchaftlichen Collegiis competirt, auch bey dieſem engern Ausſchuß die Direction führe.

Cap. IV.
Von denen Fürſtenthums-Collegiis.

§. 1.

Von Eintheilung der Landſchaft in beſondere Syſteme.
Ohnerachtet das Syſtem der Schleſiſchen Landſchaft eigentlich auf einer Verbindung der geſamten Stände unter einander beruhet; ſo hat es doch die Nothwendigkeit erfordert, um die Sache überſehen und überall mit gehöriger Ordnung und Accurateſſe betreiben, auch ratione der eventuellen Vertretung gewiſe Gradus feſtſetzen zu können, daß zu dieſem Ende das ganze Land in gewiße Fürſtenthums-Landſchaften eingetheilt werden müſſe.

§. 2.

Welches dieſelben ſind?
Es beſtehet alſo die Schleſiſche Landſchaft aus acht Fürſtenthums-Collegiis welche nach Ordnung ihrer Lage folgende ſind.

I. Die Ober-Schleſiſche Landſchaft zu welcher die Fürſtenthümer Oppeln und Ratibor, nebſt dem Leobſchütz, Pleß und Beuthner Creyße gehören.

II. Die Landſchaft Breßlauiſchen Departements, welche aus den Fürſtenthümern Breßlau, Brieg, Trachenberg und denen Freyen Standes-Herrſchaften, Wartenberg und Goſchütz, wie auch denen Statibus minoribus, Neuſchloß, Sulau und Freyhan, beſtehet.

III. Die Biſthums-Landſchaft, welche das ſogenannte Biſthum niedern Creyßes, ſämtliche Dohm-Capitular- und Creutz-Stifts-Güter, wie auch die Fürſtenthümer Neiß und Grottkau, unter ſich begreift.

IV. Die Oelsniſche Landſchaft, welche das Fürſtenthum Oels und die freye Standes-Herrſchaft Militſch ausmacht.

V. Die Schweidnitz-Jauerſche Landſchaft, welche aus den Fürſtenthümern Schweidnitz und Jauer, beſtehet.

VI. Die Liegnitz-Wohlauiſche Landſchaft, welche die Fürſtenthümer Liegnitz und Wohlau conſtituiren.

VII. Die Glogau-Saganiſche Landſchaft, aus den Fürſtenthümern Glogau und Sagan beſtehend.

VIII. Die Münſterberg-Glatziſche Landſchaft, zu welcher das Fürſtenthum Münſterberg und die Grafſchaft Glatz gehören.

§. 3.

Von der Art ihrer Verbindung.
Ratione der verſchiedenen beſondern Modalitæten, unter welchen bey jedem dieſer Syſteme die Verbindung derer dazu gezogenen Fürſtenthümer und Diſtricte eingeſchritten worden, hat es bey demjenigen, was desfalls überall in dem aufgenommenen Fürſtenthums-Protocollis berathredet und feſtgeſetzt iſt, lediglich ſein Bewenden.

§. 4.

Woraus die Fürſtenthums-Collegia zu beſtehen.
Jedes von dieſen Fürſtenthums-Collegiis, beſtehet aus einem Directore, denen Deputirten oder Landes-Aelteſten, derer zur Fürſtenthums-Landſchaft gehörigen Creyße, einem Syndico, und denen nach Beſchaffenheit der Größe und übrigen Umſtände der vereinigten Diſtricte erforderlichen Cantzeley- und Unter-Bedienten.

Sectio

Sectio I.
Von der Wahl und dem Amte eines Fürstenthums-Directoris.

§. 5.

Der Fürstenthums-Director wird von denen Ständen sämtlicher zur Fürstenthums-Landschaft gehörigen Creyße, durch die Mehrheit der Stimmen erwählt, und Sr. Königl. Majestät allergnädigsten Confirmation submittiret. *Der Director wird von den Ständen gewählt.*

§. 6.

Wenn ein neuer Director erwählet werden soll, so macht der erste Landes-Elteste eines jeden Creyßes, solches gleich nach den Oster-Feyertagen seinen Creyß-Insaßen bekannt, und erfordert deren schriftliche Vota, welche längstens bis zum dritten Pfingst-Feyertage beysammen seyn müssen. *Wie die Vota zu colligiren.*

§. 7.

Derjenige, welcher bis dahin sein Votum nicht einsendet, wird davor angesehen, daß er sich dessen vor diesesmal begeben habe. *Wie es zu halten, wenn jemand sein Votum nicht einsendet*

§. 8.

Die Vota, wodurch jemand lediglich auf majora comprimittirt, werden nicht gerechnet, sondern es muß wenigstens auf das Votum eines gewissen bestimmten Mit-Standes compromittiret werden. *oder auf majora comprimirt.*

§. 9.

Die verschlossenen Vota bringt der Creyß-Elteste mit, auf den an Johanni zu haltenden Fürstenthums-Tag, wo sie eröfnet, und in Ansehung eines jeden Creyßes dasjenige Subjectum nach der Mehrheit der Stimmen ausgemittelt wird, welches von Seiten dieses Creyßes zum Directore in Vorschlag gebracht werden soll. *Wie die Vota zu zählen.*

§. 10.

Wenn mehrere Subjecta vorgeschlagen worden, welche paria haben, so muß das Fürstenthums-Collegium untersuchen, und beurtheilen: ob sie auch alle mit denen zu dieser Charge erforderlichen Qualitæten versehen sind. Findet das Collegium bey ein und andrem per majora das Gegentheil, so kan auf selbigen ferner nicht reflectiret werden. *Wie es zu halten, wenn paria vorhanden sind, wo*

§. 11.

Sind alsdenn gleichwohl noch paria vorhanden, so werden in Ansehung der dißfälligen Subjecte die Vota singulorum aus sämtlichen Creyßen zusammen gezählt, und die Pluralitæt solchergestalt eruirt. *Vota Singulorum zu zählen, oder*

§. 12.

Sollten auch nach diesem Modo computandi, zwey oder mehrere Subjecta paria behalten, so bleibt die Entscheidung unter demselben dem engern Ausschuß überlassen; doch muß alsdenn der bisherige Director so lange in officio continuiren, bis der engere Ausschuß zusammen kommt. *die Entscheidung dem Ausschuß überlassen.*

§. 13.

Der Director muß in einem der vereinigten Fürstenthümer und Creyße mit Allodial, das heißt mit solchen Gütern, worüber er frey disponiren kan, (worunter folglich auch die Schweidnitz- und Jaurischen Lehne gehören) angesessen seyn, sich in guten Vermögens-Umständen befinden, und wenigstens sein Gut nicht über die Hälfte des Werths verschuldet haben. Er muß über dieses ein Mann von bekannter Rechtschaffenheit, und in Affairen bereits geübt seyn; vornehmlich aber außer den nöthigen Einsichten in die Landwirthschaft überhaupt, eine genaue Kenntniß von den besondern Umständen, Verfassungen und Verhältnissen des Fürstenthums besitzen. *Von den erforderlichen Qualitæten des Directoris.*

§. 14.

Es kan niemand zum Director erwählt werden, welcher nicht vorher Landes-Eltester gewesen ist. Wenn er sich aber zur Zeit seiner Wahl wirklich in diesem Officio befindet, so muß er alsdenn diese seine Creyß-Charge niederlegen; so daß ein und eben dasselbe Subjectum nicht zugleich Landes-Eltester und Fürstenthums-Director seyn kan. *Er muß Landes-Eltester gewesen seyn, und*

§. 15.

§. 15.

sich in der Fürstenthums-Stadt aufhalten. — Der Director muß sich wenigstens den größten Theil des Jahres an dem Orte, wo die Fürstenthums-Landschaft ihren Sitz hat, aufhalten, auch ohne vorgängige Anzeige an die Haupt-Landschafts-Commission niemals außer den Gränzen seines Departements verreisen.

§. 16.

Von dem Anfang und der Dauer seines Amtes. — Sein Officium nimmt a die factae stipulationis den Anfang, als bis zu deren Erfolg, der bisherige Director die dißfälligen Verrichtungen annoch versiehet. Es dauert eigentlich nur gewisse Jahre, deren nähere Bestimmung dem Gutbefinden eines jeden Systems überlassen bleibt. Indeß kan er von denen Creyßen unter die zu einer neuen Wahl vorzuschlagenden Subjecta mitgenommen werden.

§. 17.

Von dem Falle, wenn der Director krank oder abwesend ist. — Wenn der Director durch Krankheit oder andre legale Ursachen verhindert wird, seinem Officio selbst vorzustehen, so muß bey denjenigen Systemen, welche aus mehrern Fürstenthümern zusammen gesetzt sind, der nächst ihm gewählte zweyte Director des andern Fürstenthums, wo aber dieses nicht ist, oder wenn auch dieser verhindert seyn solte, der älteste unter denen gesammten Deputirten entweder der Wahl oder dem Jahren nach oder auch derjenige welchen das Fürstenthums-Collegium dazu besonders ernannt hat, die Vices desselben übernehmen.

§. 18.

Von den Verrichtungen des Directoris bey versammleten Collegio und — Die Verrichtungen des Directoris anlangend, so præsidirt er bey dem versammleten Collegio und dirigirt die in folgendem Abschnitt näher anzuzeigenden Berathschlagungen und Geschäfte deßelben.

§. 19.

außer dieser Zeit 1) Die Verfügungen der Haupt-Landschafts-Commission zu vollziehen, — Es giebt aber auch gewiße Verrichtungen die ihm außer der Zeit wo das Collegium versammlet ist, obliegen. Die Haupt-Landschafts-Commission richtet regulariter alle vorkommende Verfügungen an ihn, und er ist berechtigt, in so fern dieselben Sachen betreffen, welche keinen Verzug leiden, das nöthige darauf vorläuffig und interemistice zu veranstalten, wovon er jedoch bey der nächsten Versammlung dem Collegio Anzeige zu machen und von seinem Verhalten Rechenschaft zu geben schuldig ist.

§. 20.

2) mit ihr und den Eltesten zu correspondiren und vor die Beobachtung des Reglements zu sorgen, — Er muß ferner mit gedachter Haupt-Landschafts-Commission, mit den Eltesten seiner unterhabenden Creyße, und mit denenjenigen welche sich bey der Landschaft auf diese oder jene Art interessiren wollen, eine beständige Correspondenz unterhalten, auf das Betragen derer Creyß-Eltesten und der unter seine Inspection gehörigen Stände, überhaupt ein wachsames Auge haben und allen Mißbräuchen und Unordnungen, die dem Landschaftlichen System und deßen Credit zum Nachtheil gereichen könnten, vorzukommen suchen; der Klagen derer Creyß-Stände über die Landes-Eltesten annehmen und solche entweder auf eingezogene Verantwortung dieser letztern in Güte bey zulegen suchen; oder wenn die Beschaffenheit der Umstände und die Wichtigkeit der Sache es erfordern, solche der Haupt-Landschafts-Commission zur Remedur und Entscheidung einberichten.

§. 21.

3) Auf die Supplquen um Pfandbriefe zu verordnen. — Alle einkommende Suppliquen um Pfandbriefe werden an ihn remittire und er verfügt erforderlichen Falls die Aufnehmung der Taxen.

§. 22.

4) Die Fürstenthums-Cassen zu respiciren. — Endlich sind sämtliche Fürstenthums-Cassen und in specie der eigenthümliche Fond deßelben seiner besondern Aufsicht unterworfen, und er ist schuldig solche oftmahls zu visitiren und auf das Gebahren und Administration derer, jenigen welche die Schlüßel dazu führen, eine beständige Aufmerksamkeit zu verwenden.

§. 23.

Von der Stipulation des Directoris. — Beym Antritt seines Amtes muß er ad manus des Landschafts-Præsidenten oder eines von demselben ernannten Commisarii die erforderliche Stipulation auf nachstehendes Formular an Eydesstatt ablegen.

Ich

Ich schwöre zu Gott dem Allmächtigen einen leiblichen Eyd, daß nachdem ich zum Landschafts-Directore des   Fürstenthums erwählt worden, ich zuförderst Sr. Königl. Majestät in Preussen, meinem allergnädigsten König und Landes-Herrn, und dem ganzen Königl. Hause, auch in diesem Posten als ein rechtschaffener Vasall jederzeit treu und unterthänig seyn wolle.

Sodann schwöre ich, daß ich mir das Wohl des mir anvertrauten Fürstenthums und Creyße aus allen meinen Kräften will angelegen seyn laßen, und allen meinen Rath und Bemühung dahin verwenden, womit der allgemeine Landes-Credit auf einen soliden Fuß wieder hergestellt und erhalten werden möge. Zu dem Ende will ich alles Ernstes und so viel an mir ist, darauf halten, daß die dißfälligen Vorschriften des Landschafts-Reglements in allen Creyßen meiner Inspection genau befolgt, bey Ausfertigung der Pfandbriefe legaliter verfahren, die Intressen zu rechter Zeit eingezogen und an die Briefs-Innhaber bezahlt, bey Aufnehmung der Taxen und deren Untersuchung die erforderliche Accuratesse beobachtet, auch überall Vorschriftsmäßig und nicht nach Gunst und Ungunst, oder andern Privat-Absichten verfahren werde. Insbesondere gelobe ich auf die meiner Ober-Aufsicht anvertrauten Landschaftliche Intressen und andern Cassen ein wachsames Auge zu haben, solche oft zu visitiren, die Rechnungen genau durch zu legen, auch nichts, was wider Ehre, Pflicht und Rechtschaffenheit ist, vorzunehmen, oder daß solches von andern geschehe, zu gestatten, und mich überhaupt in diesem meinem Amte so zu betragen, wie es einem ehrlichen Manne und rechtschafnen Fürstenthums-Director wohl anstehet und gebühret. So wahr ꝛc. ꝛc.

Sectio II.
Von der Wahl und dem Amte derer Creyß oder Landes-Eltesten.

§. 24.

In jedem Creyße werden gewiße Deputirte oder Landes-Eltesten bestellt, *was die Creyße welche* als die Repræsentanten des Creyßes anzusehen sind, folglich auch die Eltesten sind, besondern Angelegenheiten und das Intreße deßelben zu respiciren haben.

§. 25.

Diese Landes-Eltesten müßen in dem Creyße selbst mit Allodial-Güttern *was vor Qualitäten* angesessen und nicht über die Helfte des Werths derselben verschuldet seyn, ten daß erfordert auch ihr gewöhnliches Domicilium auf diesen ihren Güttern im Creyße haben werden. Sie müßen wegen ihrer Rechtschaffenheit und Erfahrung in guten Ansehen stehen, und vornehmlich von der Landwirthschaft und den besondern Verfaßungen ihres Creyßes eine genaue Kenntniß besitzen. Inzwischen wird denen Ständen freygelaßen in besondern Fällen, wo sie auf ein Subjectum, welches nicht eigentlich im Creyße domiciliret oder auch ein jedoch nicht auf dem Fall stehendes Lehn-Gut besitzt, ein besonderes Vertrauen haben, in so weit von dieser Regel abzuweichen.

§. 26.

Die Landes-Eltesten werden in den Creyßen nach der Mehrheit der Stim- *wie sie gewählet* men erwählt, welche viritim nach der Anzahl derer im Creyß possessionirten werden. Stände zu zählen sind. Diese Vota werden alljährlich um Ostern von dem ersten der abgehenden Landes-Eltesten angefordert, müßen höchstens bis zum dritten Pfingst-Feyertage beysammen seyn, und werden auf den an Johanni anstehenden Fürstenthums-Tage eröfnet (vid. supra §. 6. 7. 8.) Wenn zwey oder mehrere Subjecta Vota paria haben, so muß das Fürstenthums-Collegium entscheiden, welcher von ihnen Creyß-Eltester seyn solle, zu welcher Entscheidung es sich allenfalls des Looses bedienen kan.

§. 27.

Es stehet einem jeden Creyße frey so viel Deputirte oder Eltesten, als er *wie viel derselnach* Beschaffenheit seines Umfangs nöthig findet, zu erwählen; dergestalt je- *ben seyn sollen.* dennoch, daß deren immer wenigstens zwey angesetzt werden müßen.

C   §. 28. Es

§. 28.

Verschuldete Stände können nicht Creyß-Eltesten seyn.
Es verstehet sich von selbst, daß zu Landes-Eltesten keine solche Stände gewählt werden können, deren Güter bereits würklich unter gerichtlicher Sperre stehen, oder gegen welche die Landschaft selbst Execution zu verordnen genöthigt seyn dürffte. Sobald auch ein würklich gewählter Deputirter, es sey durch besondre Unglücks-Fälle oder aus andern Ursachen außer Stand kommt, seine Intressen richtig abzuführen, und also von Seiten der Landschaft oder des Justitz-Collegii Execution zu gewärtigen hat, muß er so fort sein Creyß-Amt niederlegen und kan fernerhin weder bey Taxen, Sequestrationen noch andern Landschafftlichen Verrichtungen gebraucht werden; welches alles gleichermaßen auch von dem Fürstenthums-Directore zu verstehen ist.

§. 29.

Wie zu verfahren, wenn jemand diese Stelle nicht annehmen will.
Diejenigen welche durch die Mehrheit der Stimmen die Wahl zu Creyß-Eltesten getroffen hat, sind schuldig sich diesem Officio zu unterziehen und können davon nicht anders als mit Einwilligung derer wählenden Stände dispensiret werden.

§. 30.

Was dabey vor causæ exculationis statt finden.
Als gültige Causæ excusationis, so von Uebernehmung des Officii eines Landes-Eltesten dispensiren sollen, werden bloß angenommen
1. Drey Vormundschaften, welche mit würklicher Administration verknüpft sind.
2. Alle Bedienungen bey einem beständigen Collegio, wie auch
3. diejenigen Officia welche mit Cassen Verwaltungen zu thun haben.
4. Wenn jemand schon 3 Jahr hinter einander Landes-Eltester gewesen ist.

Es hat indeß niemand, der den Namen eines Patrioten verdienen will, sich auf diese causas excusationis frivole und ohne Noth zu berufen; vielmehr die Beförderung des gemeinen Besten, wenn solche auch mit einiger persönlichen Beschwerlichkeit vor ihn verknüpft wäre, sein hauptsächlichstes Augenmerk seyn zu laßen.

§. 31.

Von der Dauer dieses Amtes.
Das Officium eines Landes-Eltesten dauert eigentlich nur ein Jahr; doch ist denen Ständen unbenommen, die vorigen Subjecta durch die vorzunehmende neue Wahl zu bestätigen.

§. 32.

Von denen Verrichtungen der Creyß-Eltesten bey versammelten Fürstenthums-Collegio.
Diese Landes-Eltesten sämmtlicher zur Fürstenthums-Landschaft gehörigen Creyße constituiren nebst dem Directore das Fürstenthums-Collegium. Es sind also die Verrichtungen derselben bey versammelten Collegio und außer dießer Zeit von einander zu unterscheiden.

§. 33.

Wenn sich dieses versammelt.
Das Fürstenthums-Collegium versammelt sich jährlich zweymal, nehmlich 8. Tage vor Johanni und 8. Tage vor Weynachten, und continuiret seine Sessiones so lange als es die Nothdurfft derer zu expedirenden Geschäfte erfordert.

§. 34.

Aus was vor Personen es bestehet.
Es wird dazu von denen Landes-Eltesten eines jeden Creyßes nur einer abgeordnet, und demenselben überlaßen, sich entweder darüber zu einigen oder unter einander zu alterniren; dergestalt daß der Elteste der Wahl, oder wo diese nicht entscheidet, den Jahren nach allemahl den Anfang macht.

§. 35.

Wie es seine Schlüße abfaßt.
Dieses Collegium faßt seine Conclusa simpliciter nach der Mehrheit der Stimmen, welche nach der Anzahl derer zur Fürstenthums-Landschaft gehörigen Creyße gezählt werden. Der Director hat außer dem Directorio eigentlich nur ein Votum consultativum; wenn aber in einem Falle vota paria vorhanden sind, so giebt er mit seiner Stimme den Ausschlag.

§. 36.

Von den Verrichtungen deßelben überhaupt.
Die Verrichtungen dieses Collegii anlangend, so muß selbiges zuförderst überhaupt Sorge tragen, womit die Grund-Sätze des Systems in sämmtlichen zu seinem Reßort gehörigen Creyßen genau beobachtet, alle darwieder anstoßende Unordnungen vermieden, und hingegen alles was zur Aufnahme des Landschaftlichen Credits gereichen kan, befördert und ausgeführt werde.

§. 37. Ins-

§. 37.

Insbesondere aber gehört vor dieses Collegium die Abfaßung der Schlüße: ob und auf wie hoch ein Gut mit Pfandbriefen beleget werden soll; die Revision derer dabey etwa nothwendig gewesenen und von dem Directore aufzunehmen verordneten Taxen; die Ausfertigung der Pfandbrieffe selbst durch gewiße aus seinem Mittel an das Justiz-Collegium des Departements abzusendende Deputirten; die Einnahme derer Intreßen und deren Auszahlung an die Briefs-Innhaber; die Beytreibung der dißfälligen Rückstände und Verfügung der dazu erforderlichen Sequestrationen; die Aufsicht darüber, und die Abnahme der Sequestrations wie nicht weniger sämmtlicher Fürstenthums-Caßen-Rechnungen; endlich die Besorgung derer zu Ablösung der aufgekündigten Capitals-Pfandbriefe etwa erforderlichen baaren Gelder; von welchen Verrichtungen insgesamt in dem folgenden 3ten Theile ausführlich gehandelt werden wird.

§. 38.

Außer diesen Geschäften, welche die Landes-Eltesten als Mitglieder des versammelten Fürstenthums-Collegii zu besorgen haben, gehöret auch zu ihrem Officio, daß sie auf die Wirthschaft ihrer Creyß Mitstände ein wachsames Auge richten, und dem Collegio, oder wenn solches nicht versammelt und periculum in mora ist, dem Directori von denen auf ein und anderem Gutte vorgehenden Unordnungen woraus vor die gemeine Landschafft Unsicherheit oder sonst ein Nachtheil entstehen könnte, zur schleunigsten Remedur Anzeige machen.

Von den Verrichtungen der Creyß-Eltesten außer dem versammelten Collegio. Auf die Wirthschaft derer Creyß-Mitstände zu invigiliren und

§. 39.

Ueberhaupt wird ein jeder Mit-Stand wohl thun und seinen Pflichten als ein Patriot ein Genüge leisten, wenn er die ihm bekannt werdenden Unordnungen in Bewirthschaftung dieses oder jenes Guttes als z. E. wenn jemand seine Aecker nicht gehörig bestellt oder solche außer Dünger kommen läßt, seinen Viehstand schwächt, oder wenn solche durch einen Zufall geschwächt worden, ihn nicht wiederum recabrirt; wenn er die Wohn- und Wirthschafts-Gebäude aus Mangel der Reparaturen einfallen, oder die Dämme eingehen läßt, den Wald devastirt, u. s. w. der Landschaft nicht in specie dem Fürstenthums-Directori tempestive anzeigt; welches ihm allenfalls mit Verschweigung seines Namens zu thun frey stehet. Insbesondre aber wird solches denen Creyß-Eltesten hiermit zur Pflicht gemacht, dergestalt, daß diejenigen welche dergleichen Unordnungen es sey aus Freundschaft, Menschen-Furcht oder andern Neben-Ursachen zu rechter Zeit nicht anzeigen, wegen des daraus vor die Landschaft in der Folge entstehenden Nachtheils, responsable gemacht werden sollen.

Die dabey vorfallende Unordnungen dem Collegio anzuzeigen.

§. 40.

Wenn dem Directori eine dergleichen Anzeige zukommt, so muß er zufoderst nach Beschaffenheit der Umstände entweder die Verantwortung des beschuldigten Creyß-Standes erfodern, oder unter der Hand und ohne vieles Aufsehen mit Verschweigung des Namens von dem Angeber nähere Erkundigung einzuziehen suchen, womit nicht etwa ein und andre calumnieuse Beschuldigung Gelegenheit geben möge einen ehrlichen Mann und ordentlichen Wirth in Weitläuftigkeit und Miß-Credit zu setzen. Findet sich aber der Argwohn durch diese vorläuffige Erkundigungen bestätigt, so muß alsdenn eine Untersuchungs-Commission aus dem Mittel des Fürstenthums-Collegii niedergesetzt werden, welche die angezeigten Unordnungen in loco recherchirt und wenn solche so beschaffen gefunden werden, daß eine würckliche Deterioration des Guttes daraus entstehet, den Besitzer anweißt, wie und binnen welcher Zeit er solche retabliren solle.

Wie auf dergleichen Anzeigen zu verfahren.

§. 41.

Wenn er diesen Verfügungen in dem bestimmten Termin kein Genüge leistet, so ist so fort ohne weitere Rückfrage mit der Sequestration wieder ihn zu verfahren, welche so lange continuirt wird, bis die Wirthschaft wiederum völlig retablirt ist, auch bewandten Umständen nach der Debitor wegen deren künftigen ordentlichern Betreibung hinlängliche Sicherheit bestellt hat.

Und denen Unordnungen abzuhelfen.

§. 42.

Der Recurs von dergleichen Verfügungen des Fürstenthums-Collegii stehet dem Beschuldigten an die Haupt-Landschafts-Commission offen, welche die Sache auf eingezogene Verantwortung des Fürstenthums-Collegii nach

Wohin die Recurs gegen dergleichen Verfügungen gehe.

C 2 Befinden

Befinden entweder so fort abthun, oder aber periculo petentis eine nochmahlige Unterſuchung aus einem andern benachbarten Fürſtenthums-Collegio verordnen kan, und muß es bey dem, was alsdenn feſtgeſetzt wird, ſein Verbleiben haben.

§. 43.

Von den übrigen Verrichtungen der Landes-Elteſten.

Ferner gehöret zu dem Officio der Creyß-Elteſten, daß ſie die von dem Directore ihnen committirte Taxen Vorſchriftsmäßig aufnehmen, die von dem Fürſtenthums-Collegio angeordnete Sequeſtrationes vollſtrecken; eine genaue Aufſicht über ſelbige führen, und überhaupt allen Commiſſionen, welche ihnen in Landſchafts-Angelegenheiten von dem Directore dem Collegio oder auch unmittelbar von der Haupt-Landſchafts-Commiſſion aufgetragen werden, dürften ſich getreulich und ohne Wiederrede unterziehen.

§. 44.

Von ihrem Range.

Die Landes-Elteſten haben eigentlich keinen beſondern Rang unter ſich. Was aber die Ordnung betrift, wornach die vorkommenden Geſchäfte durch ſie zu expediren ſind, ſo ſtehet es bey dem Directore oder dem Collegio, welchem in caſu ſpecifico nach Beſchaffenheit der Umſtände der diesfällige Auftrag gemacht werden ſoll; doch daß dabey alle Prægravation oder Begünſtigung des einen vor dem andern vermieden werde.

§. 45.

An welchen die vorkommende Generalia zu richten.

Wenn hingegen Generalia welche den ganzen Creyß oder gar das Univerſum des Syſtems afficiren, zu communiciren ſind, ſo werden ſolche an dem erſten Landes-Elteſten addreſſirt, welcher ſolche fernerweit ſeinen übrigen Collegen mittheilt. Dieſer erſte Landes-Elteſte iſt derjenige, welcher entweder ſothanes Officium am längſten bekleidet, oder wenn hierdurch die Sache nicht entſchieden werden kan, der ältſte den Jahren nach.

§. 46.

Von ihrer Stipulation.

Uebrigens müſſen die Landes-Elteſten bey Antretung ihres Amtes die erforderliche Stipulation ad manus Directoris auf nachſtehendes Formular ablegen.

Eydes-Notul
vor einen Landes-Elteſten.

Ich   ſchwöre zu Gott dem Allmächtigen einen leiblichen Eyd, daß nachdem ich zu einem Landſchafts-Deputirten des   Creyſes erwählt worden, ich zuförderſt auch in dieſem meinem Amte Sr. Königl. Majeſt. in Preußen meinem allergnädigſten König und dem Landesherrn und ganzen Königl. Hauſe, jederzeit als ein rechtſchaffner Vaſall alle ſchuldige Treue Devotion und Unterthänigkeit beweiſen wolle. So denn ſchwöre ich, daß ich mit das Wohl und Beſte des mir anvertrauten Creyſes aus allen Kräften will angelegen ſein laſſen, und allen meinen Rath und Bemühung dahin anwenden, womit der allgemeine Landes-Credit auf einen ſoliden Fuß wieder hergeſtellt und erhalten werden möge. Zu dem Ende gelobe ich inſonderheit bey denen von mir aufzunehmenden Taxen die Vorſchrift des von der Landſchaft darüber entworffenen Reglements, jedesmahl genau zu beobachten, dabey lediglich auf meine Pflicht und Gewiſſen und auf den wahren Befund der Sache zu ſehen, und nichts aus Gunſt oder Ungunſt, Haß, Freundſchaft oder um Geſchenk und Gaben zu thun, ſondern in allen Stücken pflichtmäßig und unpartheyiſch zu verfahren. Gleichergeſtallt gelobe ich, wenn ich etwa bey Adminiſtration der Landſchaftlichen Intereſſen oder anderer Caſſen gebraucht werden ſollte, mich nach der Vorſchriften des zuentwerfenden Landſchaftlichen Reglements genau zu achten, mit denen durch meine Hände gehenden Geldern getreulich zu gebahren, nichts davon abhanden kommen zu laſſen, oder daß dergleichen von andern geſchehen, zu geſtatten; die Rechnungen ordentlich und accurat zu führen; bey Einlegung der Sequeſtrationen Vorſchriftsmäßig zu verfahren; auf die Wirthſchaft der Sequeſtasters ein wachſames Auge zu haben; auch alle in meinem Creyſe vorgehende Unordnungen welche vor die Landſchaft und deren Credit nachtheilig

ſeyn

fein Lumten, bey dem Fürstenthums-Collegio zur erforderlichen Remedur gewissenhaft anzuzeigen, überhaupt aber mich in Verwaltung dieses meines Amtes durchgehends so zu betragen, wie es einem ehrlichen Manne und rechtschaffnen Creyß-Deputirten eignet und gebühret. So wahr ꝛc. ꝛc.

Sectio III.
Von dem Amt und Verrichtungen des Fürstenthums-Syndici.

§. 47.

Zu den Subalternen des Fürstenthums-Collegii gehört zuerst der Syndicus, *Von der Wahl* welcher von dem Collegio nach Mehrheit der Stimmen erwählet wird. *des Syndici.*

§. 48.

Wer diesen Posten ambiren will, muß seine Studia juridica auf einer der *seinen Qualitäten.* Königlichen Universitæten absolvirt haben, auch wo möglich in Geschäften bereits einigermaßen routinirt seyn; übrigens aber das Lob einer ordentlichen und regelmäßigen Conduite vor sich haben; auch muß er einige Teinture von der Landwirthschaft besitzen, wie nicht weniger im Rechnen wohl versirt seyn.

§. 49.

Er muß sich bey dem Directore melden, welcher sein Gesuch bey der nächsten *Examine.* sten Zusammenkunft dem Collegio vorträgt. Dieses præsentirt ihn der Haupt-Landschafts-Commission ad Examen, welches in einer Prüfung seiner Kenntniße vom Jure überhaupt, und insbesondre von den Landes-Verfassungen und den Vorschriften des gegenwärtigen Reglements bestehet.

§. 50.

Wenn er von dieser die erforderliche Recognition erhält, so wird ihm als *Vereydung und* denn eine ordentliche Bestallung zugefertiget, und er auf nachstehendes Formular bereydet.

Eydes-Notul
vor einen Fürstenthums-Syndicum.

Ich schwöre zu Gott dem Allmächtigen einen leiblichen Eyd, daß nachdem ich zum Syndico bey der Fürstenthums-Landschaft bestellt worden, ich zuförderst Sr. Königl. Majestät in Preußen, meinem allergnädigsten König und Landes-Herrn treu, hold und unterthänig seyn wolle. Sodann schwöre ich, daß ich die Pflichten dieses meines Postens, nach denen dißfälligen Vorschriften des Haupt-Landschafts-Reglements ohnverbrüchlich beobachten, die Protocolla und Rechnungen, richtig und getreulich führen, und nichts dabey weglaßen, zusetzen, oder verfälschen, die Expeditiones Vorschriftsmäßig und mit aller Sorgfalt und Accuratesse entwerfen, bey Verwaltung landschaftlicher Cassen, in sofern ich dazu gebraucht werden sollte, mit denen durch meine Hände gehenden Geldern treu und ordentlich gebahren, nichts davon abhanden bringen, oder daß solches von andern geschehe, gestatten, bey der Aufnehmung der Taxen, in sofern ich dazu gebraucht werde, mich auch meines Orts, nach denen von der Landschaft festgesetzten Principiis, durchgängig achten, und mich überhaupt so betragen wolle, wie es einem ehrlichen Manne und rechtschafnen Fürstenthums-Syndico wohl anstehet und gebühret. So wahr ꝛc. ꝛc.

§. 51.

Seine Verrichtungen anlangend, so bestehen solche vornemlich in Füh- *Verrichtungen* rung des Protocolls bey denen landschaftlichen Zusammenkünften, der Corre- *welche bestehen* spondenz des Directoris und des Collegii in allen die Landschaft betreffenden 1) *In Führung* Angelegenheiten, wie nicht weniger in Führung der Landschafts-Register, und *der Correspondenz und des Protocolls*

Eintra-

Eintragung des erforderlichen in dieselben. Ueber die gefertigten Expeditiones, muß er ein besonderes Buch halten, und solche darein nach der Nummer, dem Dato des Decrets und der Ausfertigung, auch an wen sie gerichtet, und wenn sie abgegangen ist, eintragen.

§. 52.

2) besonders bey Aufnehmung der Taxen.
Ferner wird er bey der Commission wegen Ein- und Auszahlung der Intressen, zu Führung der Controlle bey den Rechnungen mit gebraucht; kan auch bey Taxationen, in sofern das abzuschätzende Gut nicht allzu weit von dem Sitze der Landschaft, als dem Orte seines Aufenthalts, entfernet ist, oder es sonst mit seinen Verrichtungen bestehen kan, zugezogen werden.

§. 53.

3) in der Auffsicht über die Registratur.
Er führet die Aufsicht über die landschaftliche Registratur, und trägt alle eingekommene Sachen, wenn sie zuvor von dem Directore præsentirt worden, in das darüber zu haltende Journal ein, welche sofort nach mundirter und gesiegelter Expedition zu denen Actis, wohin sie gehören, zurück gebracht werden müssen; wobey er sich zum Heften und Foliiren der Assistenz des Cantzelisten bedienen kan.

§. 54.

Uberhaupt in Befolgung der Aufträge des Collegii und Directoris.
Ueberhaupt ist er schuldig, sich allen ihm von dem Directore oder dem Collegio in Landschafts-Sachen gemachten Aufträgen, ohne Widerrede und mit allem möglichem Eyfer und Treue zu unterziehen.

§. 55.

Von der Dauer seines Amtes.
Sein Officium dauert beständig, es wäre denn, daß er seine Dimission selbst suchte und erhielte, oder sich durch ein treuloses oder nachläßiges Betragen der Cassation würdig gemacht haben sollte; als welches von dem Fürstenthums-Collegio allemal gehörig untersucht, und darnach beurtheilt werden muß.

Sectio IV.
Von denen übrigen zum Fürstenthums-Collegio gehörigen Subalternen.

§. 56.

Von dem Fürstenthums-Cantzelisten.
Sonst wird auch bey diesem Collegio noch ein Schreiber oder Cantzelist angesetzt, welcher die vorkommenden Expeditiones mundirt, und nachdem solche von dem Syndico revidirt worden, zur Unterschrift vorleget, siegelt, auch vor deren Bestellung, an die Behörde durch den Bothen, Sorge trägt.

§. 57.

seinen Verrichtungen.
Auch kan er bey denen Intressen- Ein- und Auszahlungen, zum Zählen der Gelder und andern dergleichen Verrichtungen gebraucht werden, und muß wie obgedacht, dem Syndico bey der Registratur-Arbeit, zur Hand stehen.

§. 58.

erforderlichen Qualitäten.
Es muß derselbe eine gute und orthographisch richtige Hand schreiben, einen lateinischen Terminum verstehen, im Rechnen nicht gantz ungeübt, auch seiner unordentlichen Lebensart verdächtig seyn.

§. 59.

Dauer seines Officii
Sein Officium dauert beständig, und er erhält seine Bestallung von dem Collegio, welchem bey einer sich ereignenden Vacanz, der alsdenn in Activität befindliche Director ein Subjectum dazu in Vorschlag bringen kan.

§. 60.

und Vereydung.
Er wird zu diesem seinen Posten nachstehendermaßen bereidet.

Ich schwöre zu Gott dem Allmächtigen einen leiblichen Eyd, daß nachdem ich zum Cantzelisten bey der Fürstenthums-Landschaft bestellt worden, ich diesem meinem Amte getreulich obliegen, die vorkommenden Expeditiones ordentlich und accurat mundiren, vor deren Bestellung die erforderliche Sorge tragen, in Ansehung alles dessen, so mir unter die Feder gegeben wird, ein ohnenbrüchliches Stillschweigen beobachten, und solches niemand lesen noch lesen lassen, wenn ich bey Ausfüllung der Pfand-Briefe, oder bey Zahlung der Gelder gebraucht werde, dabey überall getreulich und Vorschriftsmäßig gebahren, und mich durchgehends nach Pflicht und Gewissen so verhalten wolle, wie es einem ehrlichen Canzelisten eignet und gebühret ꝛc. ꝛc.

§. 61.

Künftig wenn die Summa der ausgefertigten Pfandbriefe, folglich auch derer davon ein- und auszuzahlenden Interessen sich beträchtlich vermehret, soll ein besondrer Casfirer angenommen werden, welcher statt des Canzelisten zu Zahlung der Gelder und andern dabey vorkommenden Verrichtungen zu gebrauchen ist. *Von dem Casfirer.*

§. 62.

Endlich wird auch noch ein Bothe angesetzt, welcher auf das Landschaftliche Versammlungs-Haus Obacht hat, die Reinigung und Heitzung der Zimmer und die Aufwartung bey denen Sessionen, wie nicht weniger die Abtragung der Briefe und Decrete besorgt; auch in preßanten Fällen, zu Verschickungen gebraucht werden kan. *Von dem Bothen, dessen Verrichtungen*

§. 63.

Dieser erhält gleichergestalt seine Bestallung von dem Collegio auf den Vorschlag des Directoris; sein Officium dauert beständig, und er muß dazu durch folgenden Eyd verpflichtet werden. *Bestallung und Vereydung.*

Eydes-Notul
Vor den Fürstenthums-Bothen.

Ich   schwöre zu Gott dem Allmächtigen einen leiblichen Eyd, daß nachdem ich zum Bothen bey der   Fürstenthums-Landschaft bestellt und angenommen worden, ich diesem meinem Amte mit allem treuen Fleiße vorstehen, die Briefe und Decrete wie mir befohlen werden getreulich bestellen, auch andere des Directoris und des Collegii Befehle mit Fleiß ausrichten, bey den Sessionen ordentlich aufwarten, über alles was dabey vorfällt, ein ohnenbrüchlich Stillschweigen beobachten, auf die Sicherheit des Versammlungs-Hauses und der Casse ein wachsames Auge haben, und mich überall nach Pflicht und Gewissen treu, fleißig und gehorsam betragen wolle. So wahr ꝛc. ꝛc.

Sectio V.
Von der Fürstenthums Regiſtratur und deren Einrichtung.

§. 64.

Die Regiſtratur wird, wie obgedacht, von dem Syndico mit Hülfe des Canzelisten respicirt, und in Ordnung gehalten; bis etwa künftig bey sich häufender Menge der Sachen, einen eignen Regiſtratorem anzusetzen, nöthig gefunden werden dürfte. *Wer die Regiſtratur nur respicirt.*

§. 65.

Es bestehet aber diese Regiſtratur *Aus was vor Actis sie bestehet.*
1) Aus Actis-Generalibus worinn alles was das Systema überhaupt und die Fürstenthums-Landschaft im Ganzen angehet, besonders die Correspondentz mit der Haupt-Landschafts-Commission enthalten ist.
2) Actis Specialia von jedem Creyse des Departements, wohin die nur etwa diesen oder jenen Creyß betreffende Piecen gehören.
3) Actis von denen gehaltenen Fürstenthums-Tagen, in welchen alle die Supplicate, Hypothequen-Extracte und andre Piecen welche die auf diesem Convent auszufertigen resolvirten Pfandbriefe betreffen, ferner das

das über die dißfälligen Conclusa Collegii aufgenommene Protocoll, wie auch dasjenige, so bey der Ausfertigung selbst gehalten worden, begriffen sind. Diese Acta werden nach den Jahren geführt, und vor jedes Jahr, folglich vor zwey Fürstenthums-Versammlungen ein eignes Volumen destinirt.

4) Acta Specialia von einzeln Gütern sind alsdann erst anzulegen nöthig, wenn sich bey ein und anderm Gute etwas extraordinaires z. E. Sequestrationen u. d. g. ereignen.

§. 66.

Alle diese Acta müßen ordentlich geheftet, solirt und mit einem accuraten Rotulo versehen werden.

Sectio VI.
Von denen Landschafts-Registern

§. 67.

Was die Landschafts-Register sind. Die Landschafts-Register enthalten ein Verzeichniß derer der Landschaft verpfändeten Güter und der darauf ausgefertigten Pfandbriefe, nebst andern dazu gehörigen Nachrichten, nach dem sub No. II. beygehenden Schemate.

§. 68.

Wer sie führet. Sie werden von dem Specia'i'er darauf vereydeten Syndico geführt, und unter seiner besondern Aufsicht in der Landschafts-Registratur bewahret.

§. 69.

Wie bey der Eintragung in selbige zu verfahren. Es darf aber der Syndicus in selbige nichts vermerken, als in Præsentia, entweder des ganzen Fürstenthums-Collegii, oder doch seiner zur Ausfertigung der Pfandbriefe abgeordneten Deputirten, auf den Grund eines über den Actum in-vel extabulationis aufgenommenen und von selbigen unterschriebenen Protocolls.

§. 70.

Wie sie zu führen. Es verstehet sich von selbst, daß der Syndicus in Führung dieses Registers die gröste Accurateße bey eigener Vertretung beobachten, übrigens aber solches ohne ausdrückliche Verordnung des Collegii niemand anders als den Directorem und die Landes-Eltesten inspiciren laßen müße.

Cap. III.
Von dem Convent zu Ausfertigung der Pfandbriefe.

§. 1.

Wer bey diesem Convent concurrirt. Da nach Innhalt der allerhöchsten Cabinets-Ordre die auf den Fürstenthums-Tagen resolvirte Pfand-Briefe mit Concurrenz der Regierungen, von welchen das Fürstenthum in Ansehung des Hypothequen-Wesens ressortirt, ausgefertiget werden sollen, so muß das Fürstenthums-Collegium beym Schluß seiner Sessionen gewiße Commissarien aus seinem Mittel ernennen, welche sich zu dem Sitze der Regierung verfügen, und daselbst gemeinschaftlich mit einer von der Regierung gleichergestalt ernannten Commission die würkliche Ausfertigung vollziehen.

§. 2.

Aus was vor Personen dieselbe bestehe. Diese Commission bestehet abseiten der Landschaft, aus zwey Deputirten und dem Syndico. Wo aber die zu einer Fürstenthums-Landschaft geschlagenen Districte von mehr als einem Justitz-Collegio ressortiren, muß an jedes derselben eine dergleichen Deputation abgesendet werden.

§. 3.

Wer die Commissarii der Regierung sind. Die Ernennung der Commissarien abseiten des Justitz-Collegii dependirt von dem Præsidenten deßelben, als welcher bey dieser Commissione mixta das Præsidium führt.

§. 4.

Wenn sich dieselbe versammle. Diese Commission muß sich nach Erforderniß der Umstände ein oder zweymal des Jahres in der Departements-Stadt versammeln.

§. 5. Wie

§. 5.

Wie übrigens bey der Ausfertigung selbst zu verfahren sey, davon wird *Wie sie verfahren.* unten (Pag. III. c. I.) umständlich gehandelt werden.

Cap. IV.
Von denen Creyß-Versammlungen.

§. 1.

Es werden alle Jahre regulariter zwey Creyß-Tage gehalten, nehmlich an *Die Creyß-Tage* jedem Fürstenthums-Tage einer, womit die Desideria und Proponenda derer *werden jährlich* Stände daselbst gesammelt, und auf den Fürstenthums-Tag gebracht, auch *zweymal gehalten.* überhaupt wegen desjenigen so der Sache Nothdurft etwa erfordert, mit ihnen deliberirt werden könne.

§. 2.

Auf diesen Creyß-Conventen müßen die Stände entweder in Person er- *Wer auf selbigen* scheinen, oder ihr Votum einem andern im Creyße possessionirten Cavalier *erscheinen könne.* auftragen, auch denselben mit zulänglicher Instruction über die in der Aus- schreibung etwa proponirte Passus, so wie überhaupt mit einer Vollmacht cum libera versehen, welche letztre producirt und ad acta des Creyßes gegeben werden muß.

§. 3.

Es sollen also künftig weder Wirthschafts-Beamte noch andre zur Er- *Wirthschafts-Be-* scheinung auf denen Creyß-Tagen pro persona propria nicht qualificirte Man- *amte und schrift-* datarii zugelassen, noch auch schriftliche Vota und Erklärungen angenommen *liche Vota werden* werden. *nicht zugelassen.*

§. 4.

Diejenigen welche auf den Creyß-Tagen nicht persönlich erscheinen, auch *Abwesende wer-* keinen solchergestalt qualificirten Mandatarium daselbst bestellen, werden pro *den pro consentien-* consentientibus in dasjenige so der größte Theil von denen gegenwärtigen *tibus gehalten.* Ständen beschließen wird, geachtet.

§. 5.

Wer auf diesen Creyß-Tagen das Præsidium und Protocoll führen und was *Wer das Præsidi-* er davor zu genießen haben solle, darüber bleibt die nähere Bestimmung einem *um dabey führe.* jeden Systeme vor sich überlaßen.

§. 6.

Auf diesem Creyß-Tage statten die Landes-Eltesten denen versammelten *Von den Verrich-* Ständen zuförderst Bericht ab von demjenigen, was in gemeinen Landschafts- *tungen der* Sachen während ihres Amts-Jahres vorgegangen ist, und wobey singuli ein *Creyß-Tage.* Interesse haben, davon informirt zu seyn.

§. 7.

Sodenn kan zur Wahl neuer Landes-Eltesten, wenn die Vota nicht 1) *Erwählung* schriftlich cölligirt sind, geschritten werden; wobey so wie oben Cap. II. bereits *der Landes-Elte-* festgesetzt worden, zu verfahren ist. *sten.*

§. 8.

Ferner werden die Berathschlagungen über dasjenige angestellt, was 2) *Berathschla-* etwa das gemeine Beste der Landschaft betrift und wovon, solches denen *gungen über die* Ständen zu proponiren, auf dem vorhergehenden Fürstenthums-Tage resol- *Propositiones des* virt worden. *Fürstenthums-Collegii.*

§. 9.

Wenn der Terminus von dem Amte des Directoris verflossen ist, so kan 3) *Sammlung* auf diesem Creyß-Tage zugleich über das zum Successore deßelben vorzuschla- *der Stimmen zur* gende Subjectum deliberirt und die Stimmen dazu, wenn solches nicht bereits *Director-Wahl.* schriftlich geschehen ist, eingesammelt werden.

§. 10.

Was den Modum vocandi bey diesen Versammlungen betrifft, so wird *Von der Art zu* festgesetzt: daß bey Wahlen und in andern die Personaliter betreffenden Fällen *votiren.* die Vota jederzeit nur viritim gezählt werden sollen. In realibus hingegen, oder in solchen Fällen, die das Innere des Systems und das Interesse des Ganzen betreffen, soll derjenige, welcher 3 Ritter-Güter besitzt, doch nur ein Votum, der Possessor von 4, 5, 6 oder 7 Güttern 2 Vota und wer acht Gütter und drüber besitzt deren 3 abzugeben berechtigt seyn.

G §. 11. Unter

§. 11.

Was ein Ritter-Sitz sey.

Unter einem Ritter-Sitze wird ein solches Gut verstanden, welches von einer adlichen Familie besonders besessen werden kan, von der Regierung des Fürstenthums ressortirt, und folglich mit Pfandbriefen belegt werden kan, auch seit a 1650 wenigstens einmal besonders besessen worden.

§. 12.

Von den Herrschafften und Stiffts-Gütern.

In Ansehung derer vor diesem Anno decretorio zusammengeschlagnen grössern Herrschafften und Stiffts-Güter, wird einem jeden System überlassen, die dißfälligen besondern Modalitäten in Conformität des vorstehenden Principii generalis unter sich zu bestimmen, und wenn es sich darüber nicht einigen kan, soll die Final-Decision von dem General-Landtage erfolgen.

§. 13.

Von Gütern die in zwey Creyßen liegen.

Ein Gut welches mehrere in verschiednen Creyßen oder gar Fürstenthümern gelegnen Vorwerke hat, giebt sein Votum regulariter nur in demjenigen Creyße ab, wo der Ritter-Sitz lieget, als woselbst es auch nur bey der Operation mit denen Pfandbriefen überhaupt zugezogen werden kan. Wenn es aber mehrere Antheile, welche in den Hypothequen-Büchern besonders eingetragen sind, so werden ihm nach dieser Maaßgabe auch besondere Vota in denen verschiednen Creyßen accordirt.

§. 14.

Die Conclusa des Creyßes sind dem Director und der Haupt-Landschaffts-Commission zu berichten.

Von dem bey diesem Convent aufgenommenen Protocolle muß dem Directori eine Abschrifft zu den Fürstenthums-Actis communicirt werden, welcher alsdenn von sämmtlichen Creyßen seines Departements einen General-Bericht an die Haupt-Landschaffts-Commission erstattet.

§. 15.

Kein Landes-Eltester kan vor sich einen Creyß-Tag ausschreiben.

Außer diesem jährlich zu haltenden Creyß-Tage ist kein Landes-Eltester berechtiget eine Versammlung der Stände auszuschreiben; es wäre denn, daß er dazu durch eine Verordnung entweder von der Haupt-Landschaffts-Commission immediate oder durch das Fürstenthums-Collegium authorisirt würde.

Cap. V.
Von dem General-Land-Tage.

§. 1.

Wenn der General-Landtag zusammen komme.

Da der engere Außschuß, welcher aus sämmtlichen Fürstenthums-Systemen bestellt wird, alle Jahre zusammen kommt, so bedarf es keines fixirten Termini zu Außschreibung eines General-Landtages, sondern es hat dabey sein Bewenden, daß derselbe exigente casu necessitatis von der Haupt-Landschaffts-Commission entweder proprio motu oder ex concluso des Außschußes veranlaßet werden solle.

§. 2.

Aus was vor Personen er bestehe.

Es erscheinen auf selbigem sämmtliche Fürstenthums-Directores in Begleitung ihrer Syndicorum, und aus jedem Fürstenthums-Collegio einige Deputirte, deren Anzahl nach Beschaffenheit der Größe des Departements nicht unter zwey und nicht über vier sich erstrecken darf. Die Personen werden von dem Collegio auf der nächst vorhergehenden Versammlung durch die Mehrheit der Stimmen erwählt.

§. 3.

Wer dabey präsidire.

Das Præsidium dabey führet der Haupt-Landschaffts-Præsident. Ist derselbe durch Abwesenheit, Kranckheit oder andre Umstände dergestalt verhindert, daß er dem General-Landtage gar nicht beywohnen kan, so ist bey Sr. Königl. Majestät und Ernennung eines Interims-Præsidenten tempestive allerunterthänigst anzuhalten.

§. 4.

Wie ein Abwesenheit des Præsidenten zu halten.

Ist aber die Verhinderung nur temporell, so daß der Præsident dadurch bloß von einer oder andrer Session zurück gehalten wird, so soll der erste von denen anwesenden Fürstenthums-Directoribus nach der unter denen Fürstenthümern festgesetzte Rang-Ordnung den Vortrag thun und die Vota colligiren.

§. 5.

Wer das Protocoll führt.

Das Protocoll führet der General-Landschaffts-Syndicus. Bey der zu Untersuchung der Rechnungen der Haupt-Landschaffts-Commission niederzusetzenden besondern Deputation aber wird solches einem von denen anwesenden Fürstenthums-Syndicis übertragen.

§. 6. Diesem

§. 6.

Diesem General-Landtage erstattet zuförderst die Haupt-Landschafts-Commission einen ausführlichen Bericht, von allen demjenigen was seit der letzten Zusammenkunft desselben vorgegangen ist, und das Ganze des Systems oder das allgemeine Interesse der gesammten Stände betrifft. *Von den Verrichtungen des General-Landtages, welche bestehen*

§. 7.

Sodann legt sie die Realisations- und andere über die landschaftliche Fonds geführten Cassen Rechnungen, welche wie obgedacht, von dem Ausschuß alljährig revidirt und abgenommen werden, zur nochmaligen Super-Revision, wenn der General-Landtag solche nöthig findet, vor. *1) In Super-Revidirung der Rechnungen.*

§. 8.

In Fällen, wo es auf die Untersuchung des Betragens der Haupt-Landschafts-Commission und des engern Ausschusses, als welche beyderseits während dem General-Landtage quiesciren, auf Revision derer Rechnungen u. d. g. ankommt, müßen dazu besondre Deputirten aus dem Mittel derer versammleten Directorum und Creyß-Eltesten erwählt werden. *Durch wen solches geschehe.*

§. 9.

Wenn an dem System selbst etwas abzuändern oder zu verbeßern ist, (welches jedoch niemals auf Eversion derer im gegenwärtigem Reglement festgesetzten unabänderlichen Haupt-Grund-Säze hinauslauffen darf,) so wird solches auf diesem General-Landtage proponirt und ein Conclusum darüber abgefaßt. *2) In Verbeßerungen des Systems.*

§. 10.

Gleichergestalt werden die an die Haupt-Landschafts-Commission eingesendete und von ihr so wie von dem engern Ausschuß einer nähern Erwegung würdig erkannte Vorschläge und Entwürffe, welche zur Aufnahme des Systems und Beförderung des allgemeinen Credits abzielen, auf diesem General-Landtage in Vortrag gebracht, und über deren Annahme oder Verwerffung berathschlagt. *3) In Untersuchung der dazu eingelauffenen Vorschläge.*

§. 11.

Wenn auswärtige Darlehne aufzunehmen proponirt worden, so muß über die Frage: ob solches nöthig und rathsam sey oder nicht, deliberirt, und wenn darauf concludirt worden, die Haupt-Landschafts-Commission über die Summen, die Modaliteten der Contrahirung und die Art der Vertheilung solchen Darlehns umständlich instruirt werden. *4) In Realisirung auswärtiger Darlehne.*

§. 12.

Die auf einem General-Landtag in Deliberation zuziehende Sachen werden entweder von der Haupt-Landschafts-Commission, oder von dem engern Ausschuß oder von einzlen Fürstenthümern und Creyßen vorgeschlagen. *Die Propositiones zu einem General-Landtage geschehn*

§. 13.

Hat ein Creyß etwas so er auf einem künftigen General-Landtage vorzutragen und bestimmt zu laßen wünschet, so muß er solches tempestive dem Fürstenthums-Collegio anzeigen, welches alsdann das nöthige deßhalb an die Haupt-Landschafts-Commission gelangen läßt. *1) von einem Creyß oder Fürstenthum.*

§. 14.

Diese muß, wenn der Vorschlag nicht ganz offenbahr unschicklich und inadæquat ist, solchen denen übrigen Fürstenthums-Collegiis bekannt machen, um in ihren Creyßen votiren zu laßen und den zum nächsten Ausschuß bestimmten Deputirten darüber zu instruiren: Ob dieser Paßus unter die Propositiones eines künftigen General-Landtages aufgenommen werden solle, als welches sodenn per majora des mit der Haupt-Landschafts-Commission vereinigten Ausschußes festgesezt wird. *wo erst über die Frage: ob sie zu proponiren, votirt wird.*

§. 15.

Hat hingegen die Haupt-Landschafts-Commission oder auch der Ausschuß dergleichen Propositiones ex Officio in Vorschlag zu bringen, so müßen solche Haupt-denen Fürstenthums-Collegiis tempestive notificirt werden, womit dieße darüber in denen Creyßen auf gleiche Art votiren laßen, und bey der nächstfolgenden Zusammenkunft des Ausschußes festgesetzt werden könne: ob solche unter die Propositiones des General-Landtages aufzunehmen sind oder nicht. *2) Von der Haupt-Landschafts-Commission oder dem Ausschuß.*

§. 16.

Wenn nun solchergestalt die Propositiones gesammelt worden, und zur würklichen Ausschreibung des General-Landtages geschritten werden soll, so muß dem General-Landschafts-Præsidenten eine Consignation aller dieser Propositionen *Die Propositiones müßen durch den Präsidenten Se. Königl. Majestät submittirt und*

positionen eingereicht werden, welcher alsdenn an Sr. Königl. Majestät so wohl wegen allergnädigster Erlaubniß zur Ausschreibung überhaupt berichten, als die entworfnen Propositiones selbst zur Allerhöchsten Dijudicatuo und Genehmigung submittiren wird.

§. 17.

alsdann erst in denen Creysen und Fürstenthümern darüber deliberirt werden.

Auf erfolgende allerhöchste Approbation geschieht sodann die Ausschreibung, in welcher zugleich alle die agreirten Proponenda bekannt gemacht, und denen Creysen und respective Fürstenthums-Collegiis ad deliberandum, und zur Instruction ihrer auf den General-Landtag kommenden Bevollmächtigten ausgestellt werden.

§. 18.

Wie der Landtag seine Conclusa faßt.

Der General-Landtag faßt seine Conclusa nach der Mehrheit der Stimmen, welche nach der Anzahl derer zur Schlesischen Landschaft gehörigen Fürstenthümer abgegeben und nach der deßhalb besonders festgesetzten Ordnung computirt werden.

§. 19.

Diese Conclusa sind Sr. Königl. Majestät zur Approbation zu submittiren.

Es verstehet sich von selbst, daß Conclusa welche das Innere des Systems und nicht blos dessen oeconomische Verfassung betreffen, ehe sie in Vollzug gebracht werden können, der allerhöchsten Approbation Sr. Königl. Majestät unterworffen werden müssen.

§. 20.

und alsdenn denen Ständen bekannt zu machen.

Nach geschloßenem General-Landtage müssen die Deputirten der Fürstenthümer ihren respectiven Collegiis und die Landes-Eltesten hinwiederum denen Ständen von demjenigen, was darinn im Ganzen etwa vorgekommen und concludirt worden ist, Nachricht ertheilen.

§. 21.

Die Rang-Ordnung der Fürstenthümer untereinander wird nach der ehemahligen Verfassung bey denen Conventibus publicis beurtheilt.

Cap. VI.

Von der Vollziehung derer Landschaftlichen Verfügungen.

§. 1.

Die Verfügungen der Landschaft müssen befolgt werden.

Ein jeder Mitstand ist schuldig sich denen Verfügungen derer in Antecedentibus beschriebenen Landschaftlichen Collegiorum welche die Operation mit denen Pfandbriefen und die davon dependirende Aufsicht über die Wirthschaft der Debitorum zum Gegenstande haben, ohne Wiederrede zu unterwerffen.

§. 2.

Widerspenstige sind durch Zwangs-Mittel

Sollt sich jemand sothanen Verfügungen widersetzen und wohl gar dieselben, besonders die von der Landschaft eingelegende Sequestrationes durch Thätlichkeiten hintertreiben zu wollen sich beygehen laßen, so ist die Landschaft berechtigt ihn durch der Sache gemäße Media coercendi zur Beobachtung seiner Schuldigkeit anzuhalten.

§. 3.

Geld-Straffen und Personal-Arrest

Sie kan daher Geld-Straffen wieder ihn festsetzen und durch die Sequestration beytreiben, ihn in Personal-Arrest bringen lassen und an die Regierung des Departements zur Verwahrung und Festsezung eines gewißen Spatii, wie lange dieser Arrest dauren solle, abliefern u. s. w.

§. 4.

mittelst Requisition der Justiz-Collegiorum in Ordnung zu halten.

Um auch allen dergleichen Real-Verfügungen den erforderlichen Nachdruck geben zu können, soll bey Sr. Königl. Majestät allerunterthänigst dahin angetragen werden, womit sämmtliche Schlesische Justiz Collegia instruirt werden möchten, der Landschaft in dergleichen Fällen auf ihre Requisition prompte und unweigerliche Asistenz zu leisten.

§. 5.

Können zum Verkauf ihres Guttes genöthiget werden.

Wenn alle dergleichen vorläufige Media coercendi ohne Effect sind, und ein andrer Mitstand fortfährt sich gegen die Landschaftliche Verfügungen wiederspänstig zu erzeigen, so ist die Landschaft berechtigt einen solchen incorrigiblen Renitenten zum Verkauf seines Guttes anzuhalten.

§. 6. Es

§. 6.

Es muß also das Fürstenthums-Collegium, welches einen dergleichen Schritt zu thun nöthig findet, mit umständlicher Anführung aller vorwaltenden Gründe und Umstände an die Haupt-Landschafts-Commission berichten, welche darauf nach Lage der Sache eine nähere Untersuchung verordnet, den Inculpatum über seine Momenta defensionis vernimmt, und alsdenn festsetzt: ob und in wie fern der von dem Fürstenthums-Collegio angetragne Verkauf statt finde. *Wie in solchem Falle zu verfahren.*

§. 7.

Derjenige welcher sich durch dieses Decisum gravirt erachtet, kan entweder auf nochmahlige Untersuchung durch andre Commisfarios oder auf die Entscheidung des nächsten General-Landtages provociren, welcher alsdenn Acta inspiciren läßt, und ein Final Decisum fället bey welchem es denn sein unabänderliches Verbleiben haben muß. *Wohin der Recurs von dergleichen Verfügung gehe.*

§. 8.

Wenn der Inculpatus binnen der ihm gesetzten Frist den Verkauf aus freyer Hand nicht bewerkstelliget, so ist das Gut sofort in Sequestration zu nehmen, auch nach Verstreichung einer abermaligen Nachfrist mit der Subhastation desselben mediante requisitione des Justiz-Collegii zu verfahren. *Wie solche in Execution zu setzen.*

§. 9.

Eben so wie ein jeder Mitstand sind auch besonders die landschaftlichen Officianten denen Verordnungen ihrer vorgesetzten Collegiorum Folge zu leisten schuldig, und können dazu durch proportionirliche Geld-Strafen, welche von ihnen Salariis oder Diäten zurück zu behalten sind adigirt, bey beharrlicher Widerspenstigkeit aber mit Cassation wieder sie vorgegangen werden. *Von dem Gehorsam der landschaftlichen Officianten.*

Dritter Theil.

Von denen Verrichtungen der Landschaft.

Alle im vorhergehenden Theile angezeigten landschaftlichen Collegia haben die Operation mit denen Pfandbriefen wodurch der allgemeine und besondre Credit des Adels retabliret und erhalten werden soll, zum Gegenstande ihrer Beschäftigungen. Zu Ausführung dieser Operation gehöret die Expedition derer im ersten Theile beschriebenen landschaftlichen Pfandbriefe; die Aufnehmung derer dazu erforderlichen Taxen; die Einziehung der Interessen von denen Debitoribus und die Vertheilung derselben unter die Briefs-Innhaber; die Beytreibung derer bißfälligen Rückstände durch die Sequestration, die Verwaltung des Realisations-Fond vor die kleinen Pfandbriefe; und die Ablösung der größern wenn solche aufgekündiget worden, durch baare Bezahlung, wozu die erforderlichen Gelder entweder durch Negocirung einheimischer oder fremder Darlehne, oder aus dem eigenthümlichen Fond der Landschaft herbey geschaft werden.

Cap. I.

Von Ausfertigung der Pfandbriefe und wie dabey zu verfahren.

§. 1.

Derjenige welcher Pfandbriefe auf sein Gut stellen laßen will, muß sich deßhalb nach Vorschrift der allerhöchsten Cabinets-Ordre bey der Ober-Amts- oder Mediat-Regierung des Departements, von welcher dieses Gut in Ansehung des Hypothequen-Wesens resfortirt, melden, und dabey zugleich anzeigen, auf was vor eine Summe und wie viel dergleichen Pfandbriefe er verlange. *Wer Pfandbriefe sucht muß sich bey der Regierung melden.*

§. 2. Wenn

§. 2.

Diese reminirt sein Gesuch an dem Fürstenthums-Director und

Wenn die Regierung gegen dieses Gesuch nach denen Landes-Gesetzen nichts zu erinnern findet, so remittirt sie solches unter einem bloßen Couvert und ohne daß es deshalb einer besondern Ausfertigung bedarf, an den Directorem des Fürstenthums, wohin das zu verpfändende Gut gehöret, und läßt zugleich einen Extract aus denen Hypothequen Büchern beyfügen.

§. 3.

fügt einen Hypothequen-Extract bey.

Dieser Extract welcher von Archivario und Ingrossatore unterzeichnet ist, enthält eine Anzeige und Consignation derer auf dem Gute intabulirten Schulden, stillschweigenden Hypothequen, Cautionen, und andrer dergleichen onerum realium.

§. 4.

Dieser beurtheilt ob eine Taxe erfordert werde.

Wenn der Fürstenthums-Director ein dergleichen remittirtes Supplicat erhält, so muß er beurtheilen, ob nach denen Principiis der Landschaft die Aufnehmung einer Taxe dabey erforderlich sey oder nicht.

§. 5.

Da die Landschaftlichen Pfandbriefe nur auf die Hälfte von dem Werth eines Gutes ertheilt werden sollen, so müssen zu Bestimmung dieses Werths gewiße Principia festgesetzt werden.

§. 6.

In was vor Fällen es keiner Taxe bedarf.

Regulariter und wenn die Landschaft kein besonderes Bedenken dabey findet, wird das respective Kauffs- oder Uebernehmungs-Pretium zum Grunde gesetzt; dergestalt, daß die Pretia ante bellum i. e. bis ad anum 1755 inclusive in der Regel pro basi angenommen, bey denjenigen Güttern aber, welche im Kriege oder auch in denen nächstfolgenden Jahren erkauft worden, darauf gesehen werde: ob dieses letzte Pretium denen vorhergehenden einigermaßen proportionirt sey, und solche nicht mehr als höchstens um ein Zehntel übersteige; als in welchem Fall sich ebenfalls nach dem Kauf-Pretio gerichtet und die verlangten Pfandbriefe bis auf die Hälfte desselben ohne vorgängige Taxe ertheilt werden können.

§. 7.

Wenn dergleichen aufzunehmen nöthig ist.

Dahingegen ist die Aufnehmung einer Taxe erforderlich

1) Wenn die Proportion zwischen dem letzten Kauf-Pretio und dem nächst vorhergehenden ante bellum allzu ungleich ist und mehr als ein Zehntel ausmacht, der Besitzer aber bey dem ältern Kauf-Pretio nicht acquiesciren will.

2) Wenn das Gut nach dem Kriege wohlfeiler als vor demselben erkauft oder übernommen worden, und der Besitzer mehr Pfandbriefe verlangt, als die Hälfte von diesem letzten niedrigern Pretio ausmacht.

3) Wenn ein wahrscheinlicher Verdacht vorwaltet, daß der Besitzer sich überkauft habe, oder daß das Gut bey einer es sey vor oder nach dem Kriege erfolgten Erbtheilung, gegen die vorigen Käuffe allzu hoch in Anschlag gebracht worden.

4) Wenn ein Gut durch Alienation von Grund-Stücken seit dem pro basi angenommenen letzten Kauffe geschwächt worden, oder

5) wenn es durch Ueberschwemmungen, Devastation des Waldes durch eine langwierige schlechte Bewirthschaftung der vorigen Besitzer oder durch andere Umstände eine wesentliche Deterioration erlitten hat. Auf Gütter welche schon allzu tief verschuldet und dabey in schlechtem Wirthschafts-Stande sind, können so lange die gegenwärtige Possession dauert, gar keine Pfandbriefe ertheilt werden.

6) Wenn ein Besitzer behauptet, daß sein Gut wegen der darauf bewerkstelligten Haupt-Meliorationen, oder aus andern Ursachen, mehr werth sey als er solches gekauft und übernommen hat, und daher auf dessen Dertaxation selbst provociret.

7) Wenn ein Gut ein altes Fidei commiss oder Majorat, oder auch seit einer langen Reihe von Jahren ohne Verkauf oder Veranschlagung von einer Person der Familie auf die andre übergegangen ist, mithin also das letzte Kauf-Pretium desselben entweder gar nicht constiret, oder sich doch zu allzu entfernte Zeiten hinausgesetzt befindet.

§. 8. Wenn

§. 8.

Wenn indeß das Quantum auf welches jemand Pfandbriefe sucht, so ge- Ein Viertel des
ring ist, daß es nicht über ein Viertel von dem mit 5 pro Cent zu Capital ge- Steuer-An-
rechneten Steuer-Anschlage eines Guttes ausmacht, so ist selbst in denen §. schlags wird oh-
antecedente recensirten Fällen, wo nicht etwa ganz besondre Bedenklichkeiten ne Taxe accordirt.
dabey vorwalten, die Aufnehmung einer Taxe nicht erforderlich, sondern es
können die verlangten Pfandbriefe bis auf so hoch, salva Taxa wenn deren hiernächst mehrere gesucht würden, ertheilt werden.

§. 9.

Wenn also ein Supplicat um Pfandbriefe an den Directorem gelangt, so Der Director muß
muß derselbe mit Zuziehung des beygefügten Extracts und des Landschafts-Re- sich von den Um-
gisters untersuchen: ob nach diesen Principiis die Aufnehmung einer landschaft- ständen des Guts
lichen Taxe erforderlich seyn möchte. Wenn er daher von den Umständen des informiren, und
Guttes aus eigner Kenntniß nicht gnugsam informirt ist, so muß er mit denen Creyß-Eltesten darüber correspondiren, und die erforderlichen Nachrichten
vorläufig einzuziehen suchen.

§. 10.

Findet er nach dieser Untersuchung daß das Gut zu Ertheilung der ver- den Supplicanten
langten Pfandbriefe ganz offenbahr nicht qualificirt sey, so kan er den Sup- entweder abwei-
plicanten so fort negative bescheiden, welches jedoch cum rationibus gesche- sen
hen muß, womit dieser allenfalls wenn er sich sothane Gründe cum effectu zu
wiederlegen getrauet, bey dem versammleten Collegio oder auch bey der
Haupt-Landschafts-Commission seine Nothdurft ausführen könne.

§. 11.

Ist hingegen die Sache von der Beschaffenheit, daß dem Directori wegen oder sein Gesuch
Ertheilung des gebetnen Pfandbriefs gar kein Bedenken vorstehet, so legt er bis zum Fürsten-
das Supplicat zurück, bis auf den nächsten Fürstenthums-Tag. thums-Tage re-
 poniren

§. 12.

Wenn endlich das Verhältniß der Umstände eine Detaxation erfordert, oder die Aufneh-
so wird solche von dem Directore an diejenigen Creyß-Eltesten, vor welche sie mung der Taxa
gehört (vid. infra Cap. II. §. 2.) verordnet, und diese müssen die aufgenomm- verordnen.
nen Taxen hinwiederum an ihn einsenden.

§. 13.

Wenn nun das Fürstenthums-Collegium zusammen kommt, so distribu- Die Suppliquen
irt der Director die in dem abgewichnen halben Jahre eingelauffenen Memora- und Taxen wer-
lien und dazu gehörigen Taxen unter die anwesenden Landes-Eltesten zum den denen Mem-
Vortrag, so daß besonders bey letzteren allemal ein Re- und Correferent be- bris des Fürsten-
stellt werden muß. thums-Collegii di-
 stribuirt.

§. 14.

Bey dieser Distribution ist vorzüglich darauf zu sehen
1) Daß diejenigen, welchen ein dergleichen Vortrag zugeschrieben wird, worauf bey die-
 wo möglich einer aus dem Creyße selbst, der andre aber aus der Nach- ser Distribution zu
 barschaft, und eine Kenntniß des Guthes bey ihnen mit Grund zu prae- sehen.
 supponiren sey.
2) Daß sie mit dem Extrahenten in keiner Verwandschaft, Schwägerschaft
 oder andern genauen Verbindung stehen.
3) Daß es bey Taxen nicht eben diejenigen sind, welche dieselben aufgenommen haben.

§. 15.

Diese Referenten müßen alle Umstände des Gesuchs genau erwegen, und Auf den Vortrag
besonders die Taxen mit denen etablirten Principiis und der ihnen von dem derselben wird
Gute selbst beywohnenden Kenntniß sorgfältig zusammen halten; sofern aber das Conclusum
dem Collegio einen ordentlichen mündlichen Vortrag darüber machen; welches abgefaßt.
alsdenn zum Votiren schreitet und ein gewißes Quantum festsetzet, nach beßen
Höhe auf dieses oder jenes, Gut landschaftliche Pfandbriefe ertheilt werden
können.

§. 16.

Es dependiret zwar von dem Besitzer, in wie viel Pfandbriefe und auf Auf was vor
was vor Summen er dieses Quantum schreiben laßen will. Doch kan eines Quanta die Pfand-
Theils ein Pfandbrief niemahlen mehr als 1000 Rthl. enthalten; andern briefe zu stellen
theils aber muß die in der allerhöchsten Cabinets Ordre vorgeschriebne Propor- und
tion

uon genau beobachtet, und bey jeder Ausfertigung weder mehr noch weniger als der zehnte Theil zur promten Realiſation qualificirt werden. Auch iſt zu Vermeydung der Brüche und daraus entſtehenden Weitläuftigkeiten bey denen Intreſſen-Zahlungen, allemahl ein Numerus rotundus beyzubehalten.

§. 17.

wie viel derſelben auszufertigen ſind.

Womit auch die kleinen Pfandbriefe ſo viel als ſolches thunlich iſt vervielfältigt und dadurch die Bequemlichkeit des Verkehrs, ſo wie die Unterbringung kleiner Summen facilitirt werden möge, ſo ſoll auf das in dergleichen Pfandbriefe zu ſchreibende zehnte Theil der ganzen Summe, nach denen von der Landſchaft näher zu beſtimmenden Verhältnißen immer eine gewiße Anzahl derſelben expedirt werden.

§. 18.

Das Concluſum muß ſofort protocollirt werden.

Das dißfällige Concluſum Collegii wird von dem Syndico ſofort zu Protocoll gebracht, das Protocoll ſelbſt am End: einer jeden Seſſion laut vorgeleſen, und von dem geſammten Collegio unterzeichnet.

§. 19.

Wie es mit den Oneribus perpetuis zu halten.

Es verſtehet ſich von ſelbſt, daß ratione Quanti nach deßen Höhe Pfandbriefe auf ein Gut zu ertheilen, die Onera perpetua, ſo wie andre zur Umſchreibung in Pfandbriefe nicht qualificirte jura realia (wovon unten §. 37. näher gehandelt werden wird) in ſo fern letztere die erſte Hälfte des Guttes efficiren, bey Feſtſetzung des Betrags dieſer Hälfte in Abzug gebracht werden müßen.

§. 20.

Von der Ausfertigung der Pfandbriefe ſelbſt welche

Wenn nun ſolchergeſtalt ſämmtliche eingekommene Supplicata vorgetragen und reſolvirt ſind, ſo muß alsdenn mit der würklichen Ausfertigung der Pfandbriefe ſelbſt verfahren werden.

§. 21.

auf Pergament

Die Pfandbriefe werden auf Pergament mit beſonders dazu geſtochenen Platten und lateiniſchen Lettern abgedruckt.

§. 22.

und Kupfer-Platten gedruckt

Von dieſen Platten wird die eine Hälfte leer gelaßen, um die erfolgte Intreſſen Zahlungen darauf vermerken zu können.

§. 23.

von der Landſchaft und der Regierung unterſchrieben werden.

Der Pandbrief wird auf der einen Seite von denen Commiſſariis der Regierung, auf der andern aber von dem Directore und denen Deputirten der Landſchaft unterzeichnet. Auch wird ſowohl das Regierungs- als das Landſchafts-Siegel, ſo wie an der obern Ecke das Creyſes wo das Gut belegen iſt, mit Buchdrucker-Farbe beygedruckt; das alſo dieſe Pfandbriefe die aus dem beygehenden Schémate zu erſehende Geſtalt haben.

§. 24.

Wo die Platten zu verwahren ſind.

Dieſe Platten müßen außer der Zeit ihres Gebrauchs in Depoſito mit der größten Sorgfalt bewahret werden.

§. 25.

Die Pfandbriefe werden bey dem Fürſtenthums-Collegio abgedruckt, und

Wenn nun Pfandbriefe auszufertigen ſind, ſo ſorgt das Fürſtenthums-Collegium davor, daß in ſeiner oder wenigſtens zweyer ſeiner Mit-Glieder Gegenwart, die vor dieſesmahl erforderliche Anzahl von Exemplarien abgedruckt und mit dem vorſchriftsmäßigen Stempel verſehen werden.

§. 26.

ausgefüllt:

Sodann werden in pleno Collegii die in den abgedruckten Exemplarien leer gebliebene Plätze der Summe, des Namens von dem Creyſe, des Namens und der Nummer des Guttes durch den Syndicum oder Canzelliſten ausgefüllt, und ſämmtliche Exemplarien von dem Directore unterſchrieben, auch das Creys-Siegel oberwärts beygedruckt.

§. 27.

darauf zu der Regierung gebracht,

Dieſe ſolchergeſtalt halb expedirten Pfandbriefe werden verſiegelt zweyen Deputirten des Collegii anvertraut, welche ſich damit und mit dem aufgenommenen Protocoll zu dem Sitz der Regierung verfügen; alswoſelbſt das Siegel von den anweſenden Commiſſarien der Regierung recognoſcirt und eröfnet, und die Pfandbriefe nach den Nummern des Protocolls nachgezählt werden.

§. 28. Hier-

§. 28.

Hierauf tragen die Deputirten der Landschaft einen dieser Pfandbriefe bey derselben unnach dem andern nach Innhalt ihres Protocolls vor; das offen gebliebene terschrieben, Datum wird ausgefüllt, sämmtliche Exemplarien von beyderseitigen Commissariis unterschrieben, und endlich die Siegel der Regierung und des Fürstenthums beygedruckt.

§. 29.

Sollte die Commission mit der Ausfertigung sämmtlicher Pfandbriefe nicht an einem Tage fertig werden können, so werden alle Exemplarien sowohl expedirte als die es noch nicht sind, von den Deputirten der Landschaft in ein Couvert zusammen gesiegelt, und in einen im Sessions-Zimmer stehenden Kasten, zu welchem der Praesident der Regierung den Schlüssel hat, bis zur nächsten Zusammenkunft eingeschlossen.

§. 30.

Ein jeder Pfandbrief muß sogleich als er völlig expedirt, unterschrieben ins Hypothequenund besiegelt ist, von dem Syndico in das Landschafts-Register, von dem Ingrosfatore aber in das Hypothequen Buch eingetragen, auch die Nummer des schafts-Registri Landschafts-Registers von ersterem zum Zeichen der erfolgten Eintragung auf eingetragen; den Pfandbrief bemerkt werden.

§. 31.

Alles dieses muß in pleno der gesammten Commission geschehen; auch ist Die geschehene darüber ein accurates und umständliches Protocoll und zwar in duplo, nehm-Ausfertigung lich von Seiten der Regierung und von Seiten der Landschaft zu führen. protocollirt.

§. 32.

Die solchergestalt expedirten Pfandbriefe nehmen die Deputirten der Die Pfandbriefe Landschaft unter dem Siegel der Regierung in die Fürstenthums-Stadt mit in die Fürstenzurück, und extradiren sie daselbst dem Directori, welcher sie alsdenn an die thums-Stadt zusich bey ihm meldende Extrahenten verabfolgen läßt. Sollte indeß jemand rückgebracht, und vorzüglich daran gelegen seyn, daß er seinen Pfandbrief in der Departements-Stadt, wo er ausgefertigt worden, sofort erhalte, so muß er solches noch bey versammelten Fürstenthums-Collegio anzeigen, worauf alsdenn die Ausfertigungs-Deputirten specifice angewiesen und authorisirt werden, ihm den expedirten Pfandbrief sogleich zu extradiren.

§. 33.

Uebrigens muß die Extraditio regulariter zu eignen Händen des Extra- denen Extrahenten geschehen, und sollen die Pfandbriefe keinem Dritten verabfolget wer- ten verabfolget den; es wäre denn daß er sich durch eine gerichtliche Vollmacht zu deren Empfang legitimiren könnte.

§. 34.

Was den Fall betrift, wenn bereits ausgefertigte Hypothequen-Instru- Von Umschreimente in Pfandbriefe umgeschrieben werden sollen, so wird es damit eben so bung alter Hypogehalten wie bey neuen Pfandbriefen, nur daß sothane Umschreibung in den thequen in Pfandbriefe. Hypothequen-Büchern der Regierung bey der umgeschriebnen Post selbst besonders bemerkt wird, und die Extradition des Pfandbriefes nicht anders als gegen Herbeyschaffung des alten Hypothequen-Instruments, welches alsdenn cassirt wird, geschehen kann, folglich selbiger in so lange bis diese Auswechselung erfolgen kan, von dem Directore in Deposito der Landschaft asservirt werden muß.

§. 35.

Regulariter kan weder der Creditor den Debitorem zwingen ihm vor seine Niemand kan simple Hypothec einen Pfandbrief zu geben, noch der Debitor den Credito- dazu gezwungen rem nöthigen einen dergleichen Pfandbrief gegen Extradition des Hypothe- werden. quen-Instruments wieder seinen Willen anzunehmen.

§. 36.

Es kan aber der Creditor der einen Pfandbrief haben will, dem Debitori Wie sich Creditor sein Capital aufkündigen, worauf dieser schuldig ist, ihm entweder baare Zah- und lung zu leisten, oder den verlangten Pfandbrief zu ertheilen.

§. 37.

Eben so kan der Debitor wenn sein Creditor keinen Pfandbrief nehmen Debitor dabey zu will, nichts desto weniger mit dessen Ausfertigung verfahren lassen. Er muß verhalten haben. aber demselben sein Capital und zugleich der Landschaft den loco desselben ex-

pedirten

pedirten Pfandbrief aufkündigen, mit dem ihm von selbiger verschafften baaren Gelde den Creditorem bezahlen, und sochergestalt das Hypothequen-Instrument ad casandum herausschaffen.

§. 38.

Denen Pfandbriefen soll keine simple Hypothec vorstehen.

Sonst ist bey der Umschreibung vorzüglich darauf zu sehen, daß weil die landschaftlichen Pfandbriefe nur auf die erste Hälfte eines Guts ertheilt, und die Interessen derselben mit einer ganz vorzüglichen Promtitude bezahlt und beygetrieben werden sollen, zu Vermeydung aller mit andern hypothecarischen Forderungen entstehenden Collision und daraus zu besorgenden Unordnungen, keine simple Hypothec einem privilegirten Pfandbriefe vorstehen möge.

§. 39.

Wie solches zu vermeyden.

Es muß daher der Debitor wenn er eine nachgesetzte Hypothec umschreiben lassen, wie nicht weniger wenn er hinter denen bereits radicirenden Hypothequen einen neuen Pfandbrief ertheilen will, zuförderst die gleichmäßige Umschreibung dieser vorstehenden Hypothequen bewürken.

§. 40.

Wie es mit imbus realibus, so Freine Darlehne, zu halten.

Was übrigens Ehe-Pacten, Materna der Kinder erster Ehe, Cauriones, Substitutionis-Quanta und andre dergleichen intabulirte jura realia welches nicht eigentliche Darlehne sind, betrift, so müssen solche zwar, wenn sie auf der ersten Hälfte stehen, bey Bestimmung des Quanti auf dessen Höhe Pfandbriefe zu ertheilen sind, mit ad computum gezogen werden. (vid. supra §. 19) Einer würklichen Umschreibung aber bedarf es alsdenn erst, wenn sich der Fall ereignet, daß würklich Intressen davon gezahlt werden müssen; z. E. Wenn eine Frau von ihren illatis jemand etwas cediret, oder selbst den Nießbrauch davon zu ziehen anfängt; wenn die Kinder separatam Oeconomiam anstellen u. d. g.; als in welchen Fällen es damit, wie mit andern intabulirten Hypothequen gehalten wird.

§. 41.

Von Ausfertigung der Pfandbriefe im Vorrath.

Endlich stehet auch noch einem jeden frey, sich auf seine Güter, ohnerachtet er darauf würklich keine Schulden hat, Pfandbriefe in Vorrath ausfertigen zu lassen, die er entweder auf einen künftigen Nothfall bey sich behalten, oder in das Publicum zum Curs bringen oder der Landschaft selbst aufkündigen kan, welche dieselben eben so gut, als die ihr von andern Creditoribus aufgekündigt worden, durch baare Bezahlung abzulösen schuldig ist.

Cap. II.

Von Aufnehmung der Taxen, und wie dabey zu verfahren.

§. 1.

Wer die Taxen aufnimmt.

Die Aufnehmung der Taxen geschiehet allemal von einem Landes-Eltesten desjenigen Creyses, worinn das abzuschätzende Gut belegen ist, und von einem andern aus einem benachbarten Creyse. Auch wird reguläriter der Landschafts-Syndicus zu Führung des Protocolls dabey adhibirt. Wenn aber das Gut von dem Domicilio desselben allzuweit entfernt, oder er wegen andrer Geschäfte nicht wohl zu entbehren ist; so stehet dem Directori frey, die Zuziehung eines Justitz-Secretarii oder einer andern benachbarten Gerichts-Person zu verordnen. Es müssen aber dieselben entweder semel pro semper oder de casu in casum auf die landschaftliche Taxe besonders verpflichtet werden.

§. 2.

Wie solche zu verfügen, und

Wenn also der Director nach dem was oben Cap. I. §. 11. gesagt worden, die Aufnehmung einer Taxe nöthig findet, so ertheilet er einem von den Creyß-Eltesten das erforderliche Commissoriale dazu, und benennt ihm zugleich den aus der Nachbarschaft mit zu zuziehenden Con-Commissarium, mit welchem er alsdenn correspondiren und sich eines gewißen Termini vereinigen muß.

§. 3.

Terminus dazu dem Taxando bekannt zu machen.

Dieser Terminus ist dem Extrahenten der Taxe tempestive bekannt zu machen, womit er sowohl die nöthigen Hülfsmittel zu Untersuchung des Gutes in Bereitschaft halten als eine Fuhre vor die Commissarios besorgen kan.

Wenn

Wenn letzteres nicht von ihm geschiehet, so muß er sich alsdenn die Postmäßige Bezahlung der von denen Taxatoribus genommenen eigenen Vorspann oder andern Gelegenheit gefallen laßen.

§. 4.

Bey Aufnehmung der Taxe selbst muß simpliciter nach denen in jedem Creyße von denen Ständen deßelben gemeinschaftlich entworffenen Principiis verfahren werden. *Wie bey der Aufnehmung selbst zu verfahren.*

§. 5.

Taxatores müßen sich dabey zwar aller möglichen Accurateße befleißigen und ein so wichtiges Werk mit erforderlicher Ueberlegung vornehmen; hingegen aber auch die Commission durch unnütze Weitläuftigkeiten nicht in die Länge ziehen, oder aus Eigennutz und um viele Diæten zu machen nicht mehr Zeit als die Nothdurft der Sache erfordert, anwenden; als worauf die Directores bey Festsetzung der Liquidationen sorgfältig zu invigiliren und dergleichen nicht zu gestatten, auf ihre Pflicht hiermit angewiesen werden. *Was Taxatores dabey zu beobachten haben.*

§. 6.

Die aufgenommenen Taxen müßen die Commissarii unter ihrer gemeinschaftlichen Unterschrift sonder allen Verzug an den Directorem einsenden, und wenn etwa bey dem Gutte ein und andrer besondrer Umstand vorwaltet, darüber specifice mit berichten. *Die Taxen werden an den Directorem eingesendet.*

§. 7.

Wenn eine Taxe allzu hoch gerathen ist und der Landschaft in der Folge daraus ein Nachtheil erwachset, so muß untersucht werden ob solches von dem Facto der Taxatorum, welche unrichtige Data angenommen oder die ihnen vorgeschriebnen Principia überschritten haben, oder ob es von einer Unrichtigkeit in diesen Principiis selbst herrühre. *Von Vertretung der Taxen.*

§. 8.

Erstern Falls müßen die Taxatores, in Subsidium aber die Revisores, die bey Untersuchung der Taxe wieder die vorgeschriebnen Principia gehandelt, der Landschaft gerecht werden. *durch die Taxatores und*

§. 9.

Rühret hingegen der Nachtheil aus einem in den Principiis selbst liegenden Mangel her, so muß solchen der Creyß principaliter übertragen; weil sich jeder Creyß seine Taxe selbst gemacht hat, folglich auch vor die dabey angenommenen Principia repondiren muß. *dem ganzen Creyß.*

Cap. III.

Von Einzahlung der Intressen von den landschaftlichen Pfandbriefen.

§. 1.

Die Intressen der landschaftlichen Pfandbriefe werden in halbjährigen Terminen, nemlich an Johanni und Weyhnachten abgeführet. *Die Intressen werden an Johanni und Weyhnachten.*

§. 2.

Es ist bereits oben festgesetzt worden, daß die Debitores gegenwärtig von denen Capitals-Pfandbriefen 5 und von denen Realisations-Briefen 6 pro Cent entrichten, und daß diese Interessen an die Landschaft bezahlt werden müßen, welche vor deren Distribuirung unter die Brief-Innhaber Sorge trägt. *zu 5 und 6 proCent bezahlt.*

§. 3.

Es versammeln sich also 8 Tage vor jedem Termin der Director und die aus jedem Creyße zum Fürstenthums-Tage bestimmten Landes-Eltesten in der Fürstenthums-Stadt, und setzen gewisse Stunden des Tages fest, wo sie durch eine aus ihrem Mittel zu ernennenden Deputation die Einnahme derer Interessen verrichten wollen. *Die Einzahlung gehet 8 Tage vor dem Termin an.*

§. 4.

In diesen Stunden versammlet sich die Commission in dem landschaftlichen Cassen-Gewölbe, und die Debitores bringen ihre Intressen-Gelder entweder persönlich oder durch einen Abgeschickten oder mit der Post ein; welche sodann von denen Deputirten übernommen und in dem in diesem Gewölbe stehenden Interessen-Deposital Kasten verwahrlich niedergelegt werden. *Geschieht an die Deputirten der Landschaft, welche*

§. 5.

§. 5.

die eingezahlten Gelder ad modum depositi verwahr- ten.
Dieser Kasten muß von Eisen oder wenigstens von Eichen-Holz starck mit Eisen beschlagen seyn, und drey besondere Schlößer haben, zu welchem die Casse-Deputirten so viel besondre Schlüßel führen, dergestalt, daß keiner von ihnen ohne den andern zur Casse gelangen kan.

§. 6.

Außer der Session werden keine Gelder angenommen.
Außer der Zeit der Session darf weder der Director noch ein Deputirter, vielweniger der Syndicus einige Gelder annehmen, sondern sie müßen diejenigen die sich bey ihnen melden, auf die Zeit wenn die Commission versammlet seyn wird, bestellen.

§. 7.

Wie es mit denen zu haltenden, welche durch die Post einkommen.
Die mit der Post eingesendeten Gelder, welche allemal franquirt seyn müßen, werden zwar an den Directorem zur Eröfnung addressirt. Dieser aber darf dergleichen ihm behändigte und an das Fürstenthums-Collegium addressirte Briefe nicht eher als in pleno der versammleten Commission eröfnen, damit die Gelder incontinenti ob sie richtig? nachgezählt werden können.

§. 8.

In was vor Müntzsorten die Intreßen zu zahlen sind.
Die Bezahlung der Intreßen muß zwar regulariter in vollgültigen nach dem Müntz-Fuß de anno 1764. ausgeprägten Courant geschehen, doch soll zur Vermeydung des Agiotirens die Haupt-Landschafts-Commission 14 Tage vor dem Termin durch die öffentlichen Nachrichten bekannt machen, wie hoch diese oder jene Gold- oder andre Müntz-Sorten im Verhältniß gegen Courant bey den Intreßen-Zahlungen genommen werden solle.

§. 9.

Die Zahlungen müßen in klingendem Gelde geschehen.
Die Intreßen-Zahlungen müßen allemal in klingendem Gelde geschehen, und sollen dabey keine Assignationes oder Compensationes statt finden.

§. 10.

Sind sofort in die Rechnungen einzutragen.
So wie die Einzahlung einer Post geschieht, wird solche von einem Deputirten in das Protocoll und von dem andern in die Rechnungen, von dem Syndico aber in die Controlle, die er über beydes führen muß, eingetragen.

§. 11.

Denen Debitoribus Quittungen darüber zu ertheilen.
Denen Debitoribus werden über die eingezahlten Gelder gedruckte Quittungen ertheilt, welche von denen 3 Deputirten unterschrieben und von dem Syndico contrasignirt sind. Diese Quittungen werden numerirt und die Nummern sowohl in dem Protocoll als in denen Rechnungen mit eingetragen.

§. 12.

Wie das Protocoll und
In dem Protocoll werden die Zahlungen hintereinander so wie sie geschehen, aufgeführt, und die Summa, der Name des Zahlers, das Gut deßen Pfandbriefe sie betreffen und die Nummer der Quittung darinn vermerkt. Beym Schluß einer jeden Session wird das Protocoll mit der Controlle zusammen gehalten und von sämmtlichen Deputirten unterschrieben.

§. 13.

Die Rechnungen, auch
Was die Rechnungen betrift, so wird dazu ein besondres Buch und in selbigem eine hinlängliche Anzahl von Foliis vor jedes Gut bestimmt. Es muß also, gleich bey Eröfnung der Commission aus dem Landschafts-Register extrahirt werden, auf was vor Gütter und wie viel auf jedem Pfandbriefe haften, wie viel folglich von jedem an Intreßen einkommen sollen. Bey erfolgender Zahlung aber wird incontinenti eingetragen, wie viel darauf bezahlt worden.

§. 14.

die Controlle zu führen.
Die Controlle wird auf eben die Art geführt, und nebst dem Rechnungs-Buch und Protocoll beym Schluße einer jeden Session in dem Deposital-Kasten mit verschloßen.

§. 15.

Der Director muß auf diesen Actum invigiliren.
Der Director muß auf diesen gantzen Actum der Intreßen-Zahlungen ein wachsames Auge richten, darauf sehen daß überall vorschriftmäßig gebahret werde, und allen zwischen denen Commissariis und Interessenten etwa entstehenden Differentien, nach den Grund-Sätzen dieses Reglements abhelfliche Maaße zu ertheilen bedacht seyn.

§. 16.

§. 16.

Mit Ablauf derer 8 Tage und also mit denen Terminen Johanni und Weyhnachten müßen sämtliche Intreßen in der Caße beysammen seyn, und haben alsdenn die Restanten die ohnfehlbare executivische Beytreibung mittelst Sequestration ihrer verpfändeten Güter zu gewärtigen (vid. infra Cap. V. Sectio I.)

Die Intreßen müßen mit dem Termin in der Caße seyn.

Cap. IV.

Von Auszahlung derer Intreßen an die Briefs-Innhaber, und wie dabey zu verfahren.

§. 1.

Gleich den folgenden Tag nach Johanni und an dem Weyhnachts-Termin den 28ten December wird mit Auszahlung derer Intreßen der Anfang gemacht.

Die Intreßen Auszahlung gehet an den 25ten Junii und 28ten December.

§. 2.

Diese geschiehet an die Præsentanten der Original-Pfandbriefe, welchen sofort und ohne die mindeste Ausflucht oder Verzögerung ein völliges Genüge geleistet werden muß.

Sie geschieht an die Præsentanten der Pfandbriefe.

§. 3.

Ratione des Verfahrens bey der Auszahlung selbst, der Führung des Protocolls, der Rechnungen und der Controlle wird es durchgehends eben so gehalten, wie im vorigen Capitel bey der Einnahme verordnet worden.

Wie das Protocoll und die Rechnungen zu führen.

§. 4.

Statt der Quittung werden die bezahlten Intreßen auf den Pfandbrief abgeschrieben. Diese Abschreibung geschiehet auf die leer gelassene halbe Seite des Pfandbriefs mittelst eines scharfen Stempels, durch welchen die Worte: Johanni 177 - (oder Weyhnachten 177 -) mit Buchdruckerfarbe beygedruckt werden.

Die bezahlten Intreßen werden auf den Pfandbrief abgeschrieben.

§. 5.

Dieser Vermerk effectuirt einen vollständigen Beweis der erfolgten Bezahlung gegen den Briefs-Innhaber, so daß die solchergestalt einmal abgeschriebenen Intreßen unter keinerley Vorwand weiter gefordert werden können.

Welches die Stelle der Quittung vertritt.

§. 6.

Nach Ablauf von 14 Tagen nach dem Termin schließt die Commission die Caße und formirt aus dem Protocoll den General- und aus den Rechnungen den Special-Abschluß von jedem Gutte.

Nach 14 Tagen wird die Caße geschloßen.

§. 7.

Das Fürstenthums-Collegium, wenn selbiges noch beysammen ist, revidirt die Rechnungen und etwa verbliebne Bestände, und ertheilt denen Caße-Deputirten nach richtigem Befund ihre Decharge.

Die Rechnungen von dem Collegio.

§. 8.

Ist aber das Collegium bereits auseinander gegangen, so werden die Rechnungen blos von dem Directore nochmals durchgeleget und attestirt; Die förmliche Revision und Ertheilung der Decharge hingegen bleibt bis zum nächstfolgenden Fürstenthums-Tage ausgesetzt.

oder dem Directore revidirt, und

§. 9.

Die in der Fürstenthums-Stadt von denen Briefs-Innhabern nicht erhobene Intreßen, werden, wenn die Summe nicht sonderlich important, mit der Post, sonst aber wenn sie von Beträchtlichkeit ist, mit eigner Fuhre unter Begleitung eines derer Caße-Deputirten an die Haupt-Landschafts-Commission nach Breslau abgeliefert; welche das Fürstenthums-Collegium über den richtigen Empfang sothaner Bestände ordentlich quittiren muß.

Die Bestände an die Haupt-Landschafts-Commission.

§. 10.

Es verstehet sich hiebey von selbst, daß denen Geldern auch ein specifiquer Rechnungs-Extract, auf welche Güter und vor was vor Pfandbriefe sie gehören, beygefügt werden muß.

mit einem Rechnungs-Extract darüber.

§. 11.

Die Kosten dieses Transports müßen aus dem gemeinen Fürstenthums-Fond bestritten werden.

auf gemeine Kosten eingesendet.

§. 12.

§. 12.

wo sie von denen Interessenten erho-ben werden kön-nen.

Wenn also ein Pfandbriefs-Innhaber seine Interessen in der Fürsten-thums-Stadt nicht hat erheben wollen, so kan er sich solche bey der Haupt-Landschafts-Commission bezahlen lassen. Doch müssen dieselben wenigstens bis zum nächstfolgenden Termin abgefordert werden; womit, wenn alsdenn der Pfandbrief wiederum præsentirt wird, die Bezahlung des vorhergehenden Termins darauf schon vermerkt seyn, und aus Ermangelung dessen keine Un-ordnung entstehen möge.

§. 13.

Wie es zu halten, 1) wenn jemand seine Intressen lie-gen lassen will.

Wenn indeß jemand seine Intressen vor diesem Termin nicht abfordern, sondern solche zu Ersparung der Kosten oder aus andern Ursachen bis zum fol-genden liegen lassen wollte, um alsdenn die Intressen zweyer Termine unter einem zu erheben, so stehet ihm solches zwar frey. Er muß aber der Haupt-Landschafts-Commission oder auch dem Fürstenthums-Collegio specifique An-zeige davon machen; womit solches in denen Rechnungen mit notiret werden könne.

§. 14.

2) wenn er seine Pfandbriefe nicht selbst præsentiren will.

Wenn jemand seinen Pfandbrief nicht persönlich præsentiren will, so ste-het ihm frey, solchen an das Fürstenthums-Collegium oder an die Haupt-Landschafts-Commission einzusenden, und dieselben zu ersuchen, daß sie die In-teressen darauf abschreiben, und ihm das Geld nebst seinem Pfandbriefe remit-tiren mögen.

§. 15.

Wie die Haupt-Landschafts-Commission zu verfahren habe.

Die Haupt-Landschafts-Commission beobachtet in Ansehung des Verfah-rens bey der Auszahlung eben das was dem Fürstenthums-Collegio vorge-schrieben worden, und muß von ihren Rechnungen nach geendigtem Actu ge-dachtem Collegio ein Duplicat zufertigen.

§. 16.

Von den Intres-sen fremder Dar-lehne, welche

Bey denjenigen Pfandbriefen allein, auf welche fremde Capitalien nego-ciirt und die denen auswärtigen Creditoribus zu Unterpfande gegeben worden, ist ein diverses Verfahren zu beobachten. Denn da dieselben im Publico nicht circuliren, sondern lediglich zum Unterpfand der Gläubiger dienen sollen, so wird auf den Theil des Blattes, wo man sonst die Interessen-Zahlungen ver-merkt, eine Registratur gesetzt und darinn ausgedruckt: daß und an welchen auswärtigen Creditorem dieser Pfandbrief versetzt, und daß er folglich zum Cours im Publico nicht qualificirt sey. Eben dieses wird auch, wiewohl nur ganz kurz, in dem Landschafts-Register, wo der Pfandbrief eingetragen ist, vermerkt.

§. 17.

durch die Haupt-Landschafts-Commission be-zahlt werden.

Der Debitor eines solchen Pfandbriefs muß zwar, so wie bey allen an-dern, die Interessen davon zur Fürstenthums-Casse entrichten, und solche wer-den unter denen übrigen in der Rechnung mit aufgeführt. Es muß aber die Commission ein besondres Verzeichnis darüber halten, dergleichen Interessen-Gelder von denen übrigen separiren und solche an die Haupt-Landschafts-Com-mission einsenden, welche vor deren Abführung an die auswärtigen Credito-res Sorge trägt. Es verstehet sich also von selbst, daß dergleichen Pfandbriefe nicht præsentirt noch die Interessen darauf abgeschrieben, sondern von denen auswärtigen Creditoribus besondre Quittungen darüber ertheilt werden. (vid. infra Cap. VIII.)

§. 18.

Von den Intres-sen derer im Vor-rath expedirten Pfandbriefe, wel-che entweder præ-sentirt, oder

Was endlich diejenigen Pfandbriefe betrift welche ein Besitzer sich entwe-der im Vorrath ausfertigen lassen (vid. Cap. I. §. 38.) oder die er durch Be-zahlung an sich gelöst und noch nicht cassirt hat, so muß derselbe nicht nur, daß er diesen oder jenen Pfandbrief selbst besitze, der Commission anzeigen, son-dern es muß auch solcher zu Vermeidung aller Unterschleiffe und Unordnungen so wie jeder andrer zur Præsentation gebracht, die Interesen darauf abge-schrieben und solche in der Einnahme sowohl als Ausgabe, als von dem Besi-tzer sich selbst bezahlt, aufgeführet werden.

§. 19.

ad Depositum ge-geben werden müssen.

Derjenige welcher hiervon dispensirt seyn will, muß die hinter sich haben-den eignen Pfandbriefe, so lange er dieselben nicht unter das Publicum in Cours zu bringen gedenkt, in Præsentia der Landschafte oder des Directorii zu

ein Pacquet unter seinem Siegel einschließen, und solche gegen einen von dem Directore auszustellenden Revers ad Depositum der Landschaft geben; in welchem Fall es sodenn keiner Præsentation bedarf, sondern in denen Rechnungen nur vermerkt wird, daß sich dieser Pfandbrief vor Rechnung des Debitoris in Deposito befinde; wobey sich übrigens von selbst verstehet, daß bey dieser Deposition die Verhältniß zwischen großen und kleinen Pfandbriefen ebenfalls beobachtet werden müße.

§. 20.

Wenn ein dergleichen Pfandbrief ex Deposito wieder heraus und in Cours kommen soll, so müßen alsdenn gleichergestalt die Interessen sämmtlicher seit seiner Ausfertigung bis dahin verlauffenen Termine als bezahlt abgeschrieben werden. — Wie es zu halten, wenn solche zurückgenommen werden.

§. 21.

Es ist oben bereits angeführet worden, daß die Interessen an keinen andern als den Præsentanten des Original-Pfandbriefs bezahlet werden sollen, und daß der bloße Besitz deßelben hinlänglich sey, den Præsentanten zum Empfang dieser Interessen zu legitimiren. — Von den besondern Fällen, wo die

§. 22.

Es können sich aber die Fälle ereignen, daß
1) Ein Pfandbrief von einem unrechtmäßigen Besitzer præsentirt wird.
2) Daß zwey Pfandbriefe von eben demselben Gutte unter einerley Nummer und Summa zum Vorschein kommen, von welchen mithin einer nothwendig falsch seyn muß;
3) Daß ein Pfandbrief ganz und gar nicht zur Præsentation gebracht wird.
— bey der Præsentation der Pfandbriefe vorkommen können.

§. 23.

Was den ersten Fall betrifft, so muß derjenige, welchem sein Pfandbrief entwendet worden, oder durch irgend einen andern Zufall abhanden gekommen ist, solches nicht allein so fort auf eben die Arten, wie bey gestohlnen oder verlohrnen Sachen zu geschehen pfleget, durch die öffentlichen Nachrichten dem Publico bekannt machen; sondern er muß auch dem Directori des Fürstenthums wohin der Pfandbrief gehört, zu gleicher Zeit davon Anzeige thun, und denselben requiriren, daß er bey nächster Interessen-Zahlung darauf Acht geben laße, wer diesen Pfandbrief produciren wird; als welche Anzeige sofort in dem Register angemerkt werden muß. — 1) Wenn ein Pfandbrief von einem unrechtmäßigen Besitzer præsentirt wird.

§. 24.

Dem Præsentanten wird alsdann sein Pfandbrief sofort ab, und nebst denen davor gefälligen Interessen ad Depositum genommen; auch steht dem Fürstenthums-Collegio frey, wenn es eine Person ist, zu der man sich einer solchen That versehen kan, ihn bewandten Umständen nach sofort in Arrest nehmen zu laßen, bis er sich ausweise, wie er zu diesem Pfandbriefe gekommen. — Wie alsdenn der wahre Eigenthümer zu eruiren.

§. 25.

Wenn sich der Præsentant darüber hinlänglich legitimiren kan, so wird alsdenn der folgende von dem er ihn erhalten hat und so weiter in Anspruch genommen, bis man endlich an denjenigen kommt, der seinen Besitz nicht weiter zu justificiren vermögend ist.

§. 26.

Wenn nun solchergestalt der wahre Eigenthümer eruirt worden, so wird selbigem der Pfandbrief mit denen davor gefallenen Interessen extradiret. Was aber die übrigen Interestenten betrifft, durch deren Hände derselbe successive gegangen ist, so ist die Landschaft weiter nicht schuldig sich mit ihnen einzulaßen, sondern es bleibt ihnen der Regress, einem jeden an seinen Auctorem, und zuletzt an den ersten durch dieses Verfahren entdeckten unrechtmäßigen Besitzer in via juris ordinaria vorbehalten. — und darauf ferner zu verfahren.

§. 27.

Sollte es sich aber zutragen, daß man durch diesen Weg den ersten unrechtmäßigen Besitzer nicht entdecken könnte, und es folglich zweifelhaft bleibe, ob der Præsentant oder derjenige, welcher sich bey der Landschaft mit der Inhibition gemeldet hat, der wahre Eigenthümer sey, so bleibt der Pfandbrief und die Interessen deßelben so lange in Deposito, bis einer von ihnen sein Dominium daran auf eine andre Art hinlänglich nachgewiesen hat. — Wie es zu halten, wenn der wahre Eigenthümer nicht eruirt werden kan.

§. 28.

§. 28.

Wer die Kosten trage.
Die etwanigen Kosten der vorläufigen landschaftlichen Recherche werden von dem eruirten unrechtmäßigen Besitzer, oder wenn dieser nicht ausfindig zu machen oder nicht solvendo ist, von dem Extrahenten getragen und solchen Falls von denen in deposito liegenden Intressen decourtirt.

§. 29.

Wie es zu halten, wenn jemand diese Vorschriften nicht befolgt.
Derjenige welcher diese §. 21. vorgeschriebenen Cautelen unterläßt, und seinen Verlust nicht sofort als er deßen inne wird, und also noch vor Ablauf des Interessen-Termins dem Publico und zugleich dem Fürstenthums-Collegio bekannt macht, muß, wenn indeß dem unrechten Præsentanten Interessen verabfolgt worden, sich solches selbst imputiren und ohne sich weiter an die Landschaft halten, oder sich von selbiger einer Assistenz getrösten zu dürfen, selbst zusehen, wie er den unrechtmäßigen Besitzer seines Pfandbriefs eruiren und von selbigem in via juris ordinaria seine Schadloshaltung erlangen kann.

§. 30.

2) Wenn ein falscher Pfandbrief zum Vorschein kommt.
Anlangend den zweyten Fall, daß nehmlich zwey Pfandbriefe von einerley Inhalt und Nummer und auf einerley Gut zum Vorschein kommen, so muß nicht nur überhaupt ein jeder der einen Pfandbrief von einem andern, besonders ihm nicht hinlänglich bekannte Particulier an sich löst, sondern auch vornehmlich die Deputirten bey denen Intressen-Zahlungen die præsentirten Pfandbriefe sorgfältig untersuchen und mit andern Exemplaren zusammen halten; als wodurch ein etwa gespieltes Falsum, deßen Begehung schon an und vor sich selbst unter denen bey der Ausfertigung beobachteten Præcautionen fast unmöglich ist, sonder Mühe wird entdeckt und die Folgen deßelben vermieden werden können.

§. 31.

Wie derselbe von dem ächten zu unterscheiden.
Wenn indeß der so unwahrscheinliche Fall, sich gleichwohl ereignen sollte, daß die Landschaft durch einen nachgemachten Pfandbrief bey den Intressen Zahlungen, wo dergleichen allein denkbar seyn kan, hintergangen würde, so muß alsdenn derjenige von beyden Pfandbriefen, welcher zuletzt præsentirt und bey dem man also der vorwaltenden Unrichtigkeit erst inne wird, sofort ad Depositum genommen, und der erste deßen Præsentant man aus dem Protocollo weiß, ebenfalls herbeygeschaft werden. Aus Gegeneinanderhaltung beyder Pfandbriefe wird der ächte von dem nachgemachten ohnfehlbar unterschieden werden können.

§. 32.

Strafe derjenigen, welche Pfandbriefe nachmachen oder verfälschen.
Derjenige welcher sich unterfangen würde, einen falschen Pfandbrief nachzumachen, oder auch in einem ächten etwas zu verfälschen, wird als ein Falsarius nach den Gesetzen ohne alle Nachsicht mit nachdrücklicher Leibes- und nach Befinden gar mit Lebensstrafe angesehen werden; und diese Furcht einer unausbleiblichen Strafe wird einem jeden, da er am Ende allemal entdeckt werden muß, und von seinem Verbrechen niemals einen beträchtlichen Vortheil ziehen kan, von deßen Begehung hinlänglich zurück halten.

§. 33.

3) Wenn ein Pfandbrief gar nicht præsentirt wird und sich jemand dazu gemeldet hat.
So viel endlich den Fall betrift, wenn ein Pfandbrief gar nicht zur Præsentation gebracht wird, so ist alsdenn wiederum zu unterscheiden, ob sich jemand gemeldet habe, der sich vor den letzten Besitzer deßelben, und daß ihm solcher durch Entwendung oder einen andern Zufall abhanden gekommen, ausgiebt, oder ob solches nicht geschehen sey.

§. 34.

Alsdann wird der Pfandbrief aufgebothen.
Im ersten Falle wird durch ein Inserat in denen öffentlichen Nachrichten wie auch durch einen Aushang in der Fürstenthums-Stadt, an dem Orte wo der angebliche letzte Besitzer domiciliirt und bey der Oberamts- oder Mediat-Regierung des Departements, wohin das verpfändete Gut gehöret, bekannt gemacht, daß dem Imploranten der umständlich zu beschreibende Pfandbrief abhanden gekommen, auch bey der letzten Intressen-Zahlung nicht præsentiret worden sey; wobey zugleich der Besitzer deßelben vorgeladen wird, sich darum innerhalb 6 Monath, und also bey der nechsten Intressen-Zahlung zu melden, die Sache mit dem Imploranten auszumachen, oder widrigenfalls zu gewärtigen, daß der Pfandbrief vor amortirt werde erklärt, und darauf, wenn er auch

auch künftig zum Vorschein kommen sollte, von der Landschaft weder Capital noch Interessen gezahlt, sondern an dessen Stelle mit Ausfertigung eines neuen verfahren werden soll.

§. 35.

Wenn sich auf diese öffentliche Vorladung niemand meldet, so wird als-_{mortificirt, und} denn der Implorant angehalten, daß er den Pfandbrief quæt. zu der angegebenen Zeit würklich besessen habe, zu dociren, und zugleich den allegirten Casum fortuitum, wodurch er um selbigen gekommen, wenigstens einigermaßen zu bescheinigen, auch solchen endlich zu bestärken, worauf sodann mit der Mortificirung selbst und der Ausfertigung eines neuen Pfandbriefes vor den sich solchergestalt legitimirten wahren Eigenthümer verfahren wird.

§. 36.

Dieser neue Pfandbrief, welcher nicht etwa in einer bloßen Umschreibung *ein neuer an seine* des vorigen besteht, wird unter einer neuen Nummer ausgefertigt, der mor- *Stelle ausgefertigt.* dificirte aber in dem Landschafts-Register gelöscht, auch der Regierung des Departements von dem Erfolg Nachricht gegeben.

§. 37.

Diese Mortificirung muß in denen Zeitungen und Intelligenz-Blättern be- *Die Mortificirung* kannt gemacht werden, womit das Publicum auf den Fall, daß er ja wiederum *ist dem Publico be-* zum Vorschein kommen sollte, davon informirt seyn möge; wie denn ein der- *kannt zu machen,* gleichen mortificirter Pfandbrief schon dadurch von einem noch gültigen unter- *und* schieden ist, daß sich auf ersterem die gehörigen Vermerke wegen bezahlter Interessen nicht befinden, und also z. E. ein Pfandbrief auf welchem dieser Vermerk in Ansehung der letzten Termine ermangelt, vor verdächtig zu halten ist, und ohne vorhergängige Erkundigung bey der Landschaft von niemand sicher angenommen werden kan.

§. 38.

Das ganze Verfahren wegen Mortificirung eines solchen Pfandbriefs wird *geschiehet bey der* zwar bey dem Fürstenthums-Collegio, wohin derselbe gehört, verhandelt. *Haupt-Land-* Wenn aber nach geschloßenen Acten zur Mortificirung selbst geschritten werden *schafts-Commis-* soll, so sind diese an die Haupt-Landschafts-Commission einzusenden, welche *sion.* untersucht, ob überall Vorschriftsmäßig verfahren worden, und sodann die Mortificirung verfügt, auch die §. antecod. vorgeschriebene Bekanntmachung derselben veranstaltet.

§. 39.

Die dabey erforderlichen Kosten muß der Extrahent qua dominus nominis *Wer die Kosten* tragen, und kan dem Debitori unter keinerley Vorwand etwas davon aufge- *dazu trage.* bürdet werden.

§. 40.

Ist hingegen der Fall so beschaffen, daß der Pfandbrief gar nicht zum *Wie es zu halten,* Vorschein kommt, und sich auch niemand mit einem Anspruche daran meldet *wenn sich nie-* und legitimirt, so werden die davon nach wie vor zu zahlenden Interessen de- *mand zu einem* posito der Landschaft genommen, bis die Gesetzmäßigen Præscriptions-Jahre *solchen aufgebo-* verflossen sind. Nach deren Ablauf wird eine förmliche Aufbietung desselben, *tenen Pfand-* so wie bey denen alten Hypothequen-Instrumenten üblich ist, decretaßet; und *briefes meldet.* wird alsdenn nach erfolgter und Rechtskräftig gewordner Præclusoria dergleichen Pfandbrief, so wie in casu antecedenti mortificirt, und ein neuer an dessen Stelle ausgefertigt, welcher denn mit allem zeithero aufgelaufenen Interessen, nachdem zuförderst die Kosten davon bestritten worden, dem eigenthümlichen Fond der Landschaft anheim fällt.

Cap. V.

Von Supplirung derer zurückbleibenden Interessen und deren Beytreibung durch die Sequestration, wie auch von der denen Debitoribus zu ertheilenden Nachsicht.

§. 1.

Es ist eines von denen Haupt-Grundgesetzen des Landschaftlichen Systems, *Die Interessen* daß denen Pfandbriefs-Inhabern die gefälligen Interessen an denen bestimm- *müssen von der* ten Terminen mit der Stunde, so bald sie ihre Pfandbriefe præsentiren, ohne *Landschaft* die mindeste Ausflucht oder Verzögerung bezahlt werden müssen. *prompt bezahlt werden.*

§. 2.

§. 2.

Wie solches zu bewerkstelligen sey. Damit die Landschaft ihrer dießfälligen Verbindlichkeit ein Gnüge leisten könne, so ist nothwendig,
1) Daß die Debitores ihre Intressen in die Casse accurate einzahlen, und wenn sie damit zurück bleiben, solche durch die prompteste Executions-Mittel aus dem Gute beygetrieben werden.
2) Weil aber auch Fälle vorkommen können, wo ein solcher Debitor nicht ohne die offenbareste Unbilligkeit mit der Execution zu übereilen seyn würde, so muß festgesetzt werden, was solches eigentlich vor Fälle sind, und wie in denenselben zu verfahren sey. Endlich ist
3) Sowohl alsdenn, wenn dem zurückbleibenden Debitori eine Nachsicht verstattet, als wenn mit der Execution wieder ihn verfahren wird, (als wodurch die Rückstände nicht allemal so promt wie es die Nothwendigkeit der Sache erfordert, herbeygebracht werden können,) darauf vor zu denken, wie die Landschaft zu dem nöthigen Vorschuß, um dergleichen Ausfälle zu suppliren, gelangen solle.

Sectio I.
Von Beytreibung der Interessen-Rückstände durch die Sequestration, und wie dabey zu verfahren.

§. 3.

Nach geschloßner Intressen-Casse werden die Reste consigniert. Wenn die zu Einzahlung der Interessen bestimmten 14 Tage vor dem Johannis- und Weynachts-Termin verflossen sind, so müssen die Casse-Deputirten sofort aus ihren Rechnungen eine Consignation der Restanten mit denen Quantis, welche sie noch entrichten sollen, anfertigen, und diese Consignation dem alsdenn versammleten Fürstenthums-Collegio vorlegen.

§. 4.

Die Executionen gegen die Restanten verordnet, Dieses fertigt sogleich denen in den Creysen zurück gebliebenen Landes-Eltesten, einem jeden in seinem Departement einen Extract dieser Consignation zu, und giebt ihnen auf, die Sequestration auf das Gut eines jeden dieser Restanten einzulegen.

§. 5.

welches schleunigst geschehen muß, Diese Executions-Decreta müssen citissime expedirt, und wo die Gelegenheit solche mit der Post eben so schleunig zu bestellen ermangelt, durch expresse Bothen an die Behörden insinuirt werden.

§. 6.

Die Landes-Eltesten legen die Sequestration ein, So bald einem Landes-Eltesten ein dergleichen Executoriale behändigt wird, muß er sich Angesichts dessen mit Zuziehung des Justiz-Secretairs, (massen der Syndicus zu solcher Zeit nicht abkommen kann) oder aber, einer andern benachbarten zum Protocoll verordneten Gerichts-Person, auf das zu sequestrirende Gut verfügen, und daselbst den Sequester einsetzen, ohne sich daran durch die Einwendungen oder Klagen des Exequendi im mindesten beirren zu lassen.

§. 7.

Bestellen einen Sequester, Wenn auf einem Gute ein dem Executori als ein tüchtiger und rechtschaffner Mann bekannter Verwalter oder Amtmann vorhanden ist, so kan diesem bewandten Umständen nach, vornemlich wenn das beyzutreibende Quantum nicht von sonderlicher Importanz ist, die Sequestration übergeben und er dazu vereydet werden. Wenn aber dieses nicht thulich ist, so muß der Executor sofort einen andern geschickten und ehrlichen Wirthschafts-Verständigen bey der Hand haben, welchen er als Sequester ansetzet und vereydet. Zu dem Ende müssen sich die Landes-Eltesten in ihren Creysen bey Zeiten um die Kenntniß solcher Leute bewerben, womit sie sich deren im Fall der Noth bedienen können.

§. 8.

übergeben selbigem die Wirthschaft, und instruiren ihn, wie er solche zu führen habe. Dem eingesetzten Sequester wird sodann die Wirtschaft secundum inventarium übergeben, das Gesinde und Unterthanen auf die Zeit daß die Sequestration dauert, an ihn verwiesen, er selbst aber bedürfenden Falls mit einer aus-

43

ausführlichen Instruction wie er sich bey seiner Administration verhalten solle,
versehen. Zu dem Ende müßen von jedem Fürstenthums-Collegio dergleichen
Instructiones vorläufig entworfen und der Haupt-Landschafts-Commission zur
Revision eingesendet werden, welche alsdenn von denen Executoribus den Sequesters mitzutheilen, und nur nach Verschiedenheit der besondern Umstände,
dieses oder jenes Guttes zu modificiren sind.

§. 9.

Die Wohnung auf dem Gutte kan, wenn hinlänglicher Platz vorhanden Die Wohnung
ist, dem Exequendo gelaßen werden. Er muß aber stipuliren, daß er den Se- wird regulariter
quester in der Bewirthschaftung auf keine Weise turbiren wolle; wiedrigen- dem Debitori ge-
falls er auf die erste gegründete Beschwerde beßelben exmittiret werden wird. laßen.

§. 10.

Bey der Einsetzung des Sequesters muß der Commissarius zugleich die Von dem Zustan-
Umstände des Guttes und die Verfaßung der Wirthschaft untersuchen, auch de des Gutes ist
wenn er solche in einem delabrirten Zustande findet, an den Directorem und an das Collegium
des Collegium specifice darüber berichten. zu berichten, und

§. 11.

Die Aufsicht über dergleichen sequestrirte Gütter ist der nächste be- ein Curator bono-
nachbarte und dazu qualificirte Creyß-Stand zu übernehmen schuldig. Ein rum zu bestellen,
Landes-Eltester aber kan dazu nicht anders genöthiget werden, als wenn gar welcher
kein ander Mittel die Sache zu reguliren übrig ist; zumalen ihm ohnehin die
Oberaufsicht und Super-Revision aller dergleichen sequestrirten Gütter zusteht.
Uebrigens soll finita Sequestratione von dem Fürstenthums-Collegio arbitrire
werden, was einem dergleichen Curatori bonorum vor seine Bemühungen nach
Beschaffenheit der Umstände, der Importance des Guttes und seines bewiese-
nen Fleißes, vor ein Honorarium accordiret werden solle.

§. 12.

Dieser Curator bonorum muß die Wirthschaft fleißig revidiren, und den dem Sequester in
Sequester dazu anhalten, daß er solche ordentlich und seiner Instruction gemäß Aufsicht hält,
betreibe.

§. 13.

Der Sequester muß die Monats-Schlüße an ihn übergeben, welche er re- die Monatsschlüße
vidirt, Monita dagegen formirt, den Sequester mit seiner Verantwortung vor- so einfordert, und
läufig ad Protocollum vernimmt, und endlich alles zusammen dem Directori ad
Acta einsendet.

§. 14.

Gleichergestalt muß er den Sequester anhalten, daß er die mit dem Schluß die Eigenthum
eines jeden Monats vorhandenen baaren Bestände an den Directorem einsen- der Bestände ur-
de, und sich mit einer Quittung deßelben legitimire. gire.

§. 15.

Die Sequestration dauert regulariter so lange bis die rückständigen Inter- wie lange die Se-
essen, die aufgelauffenen Kosten, und dasjenige so etwa in die Retablirung des questration dauere.
Guttes verwendet worden, beygetrieben ist; Als worauf der Sequester avo-
cirt und deßen Exmission so wie die Rückgewehr an den Besitzer, von eben dem
Commissario der die Sequestration eingelegt hat, verrichtet wird.

§. 16.

Wenn aber bey Einsetzung des Sequesters das Gut nach dem Commissa- wie es mit delа-
rischen Berichte, es sey an Ackerbau, Viehstand, Wirthschafts-Gebäuden oder brirten Güttern
sonst, in einem deteriorirten Zustande befunden worden, so stehet dem Fürsten- zu halten.
thums-Collegio frey zu verordnen, daß die Sequestration auch noch länger und
bis zum erfolgten Retablissement der Wirthschaft anhalten solle.

§. 17.

Wenn auch ein Debitor sich als einen schlechten Wirth bekannt gemacht
hat, und die Interessen verschiedenemal hintereinander mit haben beygetrieben werden müßen, wobey sein Gut allemal in schlechtem Wirthschafts-
Stande befunden worden, so kan die Landschaft mit der Sequestration so lange
continuiren, bis er sich entweder zum Verkauf entschließet, oder eine andere Art hinlängliche Sicherheit bestellet, daß er künftig sich einer ordentlichern
Wirthschaft befleißigen, und die Landschaft denen Weiterungen und Unan-
nehmlichkeiten einer immerwährenden Sequestration nicht ferner exponiren
werde.

L 2 §. 18.

44

§. 18.

Von Abneh- Die Abnahme der Rechnungen geschiehet von dem Deputirten, welcher
mung der Rech- den Sequester eingesetzt hat. Es muß also der Schluß dieser Rechnungen,
nungen, welche dergestalt regulirt werden, daß deren Abnahme kurz vor der Fürstenthums-
Versammlung erfolgen, und der Commissarius auf selbigem von dem Befund
zu weiterer Verfügung Bericht erstatten, das Collegium aber festsetzen kan,
ob und wie die Sequestration ferner fortgesetzt oder ob sie aufgehoben werden
solle; wie denn auch niemand als das versammelte Collegium dem Sequestern
seine völlige Decharge zu ertheilen authorisirt ist.

§. 19.

mit Zuziehung Der Debitor exequendus ist bey der Abnahme der Rechnungen allemal
des Debitoris ge- mit zuzuziehen. Es müßen ihm daher die Monats-Schlüße vorgeleget und ihm
schiehet. nachgelaßen werden, seine Monita darwieder binnen einer gewißen Zeit einzu-
bringen, als auf welche sodenn von dem Commissario und dem Collegio mit reflectirt werden muß. Inzwischen ist dabey darauf zu sehen, daß keine ganz
illiquide und offenbar ungegründete Monita angenommen, noch dem Debitori
allzu viel Raum, den Sequester zu chicaniren gelaßen werde. Das Zeugniß
des Curatoris bonorum, welcher bey dem Actu der Rechnungs-Abnahme gegenwärtig ist, wird in den mehresten Fällen zureichen, die etwa entstehenden
Differentzien hinlänglich zu eclairciren.

§. 20.

Von dem Ver- Die Verfügungen des Curatoris bonorum, sind übrigens keine Recherche,
hältniß des Cura- und das Gebahren des Sequesters in sofern es solchen gemäß ist, keinen Aus-
toris bonorum und stellungen abseiten des Debitoris unterworfen, sondern wenn dieser etwas da-
des Debitoris. gegen mit Grunde erinnern zu können glaubt, so muß er solches dem Fürstenthums-Collegio oder dem Directori tempestive anzeigen, als welchen allein die
Curatores bonorum und Sequester in Wirthschafts-Sachen subordinirt sind.
Wann er dergleichen Anzeige zu thun unterläßt, so kan auf diejenigen Monita,
welche er bey der Rechnungs-Abnahme, von daher formiren wollte, ganz und
gar nicht eintritt werden.

§. 21.

Der Recurs in der- Wenn entweder der Schuldner oder der Sequester mit denen Decisis des
gleichen Fällen Fürstenthums-Collegii nicht zufrieden sind, so stehet ihnen frey, ihre Beschwer-
gehet an die den an die Haupt-Landschafts-Commission gelangen zu laßen, welche nach Be-
Haupt - Land- schaffenheit der Umstände eine nähere Untersuchung aus einem benachbarten
schafts - Commis- Fürstenthums-Collegio periculo et sumtibus succumbentis verordnen, und so-
sion und denn die Sache finaliter decidiren kan.

§. 22.

an den Ausschuß. Wenn der Querulant auch hiebey noch nicht acquiesciren will, so kan er
seine Gravamina auf dem nächsten Ausschuß anbringen, welcher alsdenn Acta
inspiciren und das Erforderliche pro ultimo verfügen und festsetzen kann.

§. 23.

Wie die Defecte Wenn bey der Rechnungs-Abnahme dem Sequester ganz liquide und kei-
beyzutreiben. ner weitern Einwendung fähige Defecte nachgewiesen werden können, so ist die
Landschaft berechtiget, solche nach Beschaffenheit der Umstände entweder vor
ihre eigene oder vor Rechnung des Debitoris von ihm beyzutreiben, und zu dem
Ende die nöthigen executivischen Verfügungen wieder ihn zu erlaßen. Sind
aber diese Defecte noch illiquid und zu deren Eruirung die Eröfnung eines förm-
lichen Probatorii erforderlich, so braucht sich die Landschaft davon nicht weiter
zu meliren; sondern der Debitor muß die Sache mit dem Sequester in via juris ordinaria selbst ausmachen.

§. 24.

Von Executionen, Außer denen Fällen, wo die Landschaft aus eigner Bewegung die Seque-
welche die Justiz- stration verordnet, hat auch die allerhöchste Cabinets-Ordre vom 29 August
Collegia durch die 1769 festgesetzt, daß alle Executiones, welche von Seiten derer Landes-Justiz-
Landschaft ver- Collegiorum gegen den Besitzer eines der Landschaft verpfändeten Guttes de-
anlaßen. cretirt worden, denen Deputirten derselben zur Vollstreckung aufgetragen werden sollen.

§. 25.

Wie dabey zu Wenn also ein Real Creditor, welcher eine simple mit der Landschafts-
verfahren. Guarantie nicht versehene Hypothec hat, gegen seinen Schuldner bey der Regierung klagbar wird und Sequestration extrahiret, so wird auf den Fall daß
der

der Debitor zugleich Pfandbriefe auf seinem Gutte hat, das Commissoriale zu deren Einlegung an den Directorem des Fürstenthums, zu welchem das Gut gehöret, gerichtet. Dieser läßt die darinn decretirte Execution durch einen Creyß-Eltesten mit Zuziehung des Justitz-Secretairs vollstrecken, wobey sowohl die denen Justitz-Räthen vorgeschriebenen Legalitäten als der im vorstehenden zur Sicherheit der Landschaft verordnete Modus procedendi aufs genaueste beobachtet werden müssen.

§. 26.

Es müssen also die Monathsschlüße von dem Sequester ebenfalls an den *Mit Einsendung* Curatorem bonorum und von diesem an den Directorem eingesendet werden. *der Monath-* Dieser aber transmittirt solche unter Beyfügung seines Gutachtens an die Regierung. *Schlüße, und*

§. 27.

Was hingegen die Bestände anlangt, so muß der Sequester gleich bey sei- *der Cassen-Be-* ner Einsetzung semel pro semper angewiesen werden, daß er vor allen andern, *stände.* unmittelbar nach denen Steuern und übrigen Oneribus publicis auf Herbeyschaffung der Landschaftlichen Intressen bedacht seyn, auch die dazu erforderlichen Gelder allemal von denen erst eingehenden Revenues an den Fürstenthums-Directorem einsenden, und zugleich auf das Retablissement des Gutes sein Augenmerk richten müsse. Die alsdenn noch übrigen Bestände hingegen müssen von ihm ad Depositum der Regierung eingesendet werden.

§. 28.

Die Direction der Wirthschaft pendente Sequestratione ist der Landschaft *Mit Dirigirung* überlassen, als welche, so wie im vorigen Falle, durch ihre Creyß-Eltesten und *der Wirthschaft.* den angesetzten Curatorem bonorum vor deren ordentliche Betreibung Sorge tragen muß.

§. 29.

Wenn dem Extrahenten der Sequestration ein Genüge geschehen ist, oder *Mit Aufhebung* derselbe sonst in deren Aufhebung williget, so kan solche deßhalb noch nicht so *der Sequestration.* fort verfüget werden, sondern es kommt alsdenn auf den Befund der Landschaft an, ob sie darinn gleichergestalt consentiren wolle, oder wegen des noch nicht vollständig bewürkten Retablissements des Gutes, deren Fortsetzung nöthig finde. Solchenfalls höret nur der Antheil, welchen die Regierung zeithero daran gehabt hat, auf, und der Sequester ist von dieser Zeit an lediglich an die Landschaft zu verweisen; auch wird sodenn fernerweit nach den obigen Vorschriften §. 13.20. zu verfahren seyn.

§. 30.

Die Rechnung wird in solchen Fällen, wo die Execution von der Regie- *Mit Abnehmung* rung verordnet worden, von dem Sequester bey der Regierung abgelegt; doch *der Rechnungen.* bleibt der Landschaft deren vorläufige summarische Revision vorbehalten, und es wird dieselbe ihre Erinnerungen dabey zur Erleichterung der Sache an die Regierung communiciren. Ueberhaupt ist der Sequester sowohl wegen seiner Administration, als wegen Verwendung der Gelder, der Landschaft immer responsable.

§. 31.

Wenn der Creditor Hypothecarius durch die Sequestration seine Befrie- *Wie sich die* digung nicht erhalten kan, und dahero auf die Subhastation anträgt, auch es *Landschaft bey* endlich gar zur Eröfnung eines Concurs- oder Liquidations Proceßes kommt, *entstehendem* so wird dadurch in der Verfassung der Sequestration nichts geändert, sondern *Concurs zu ver-* es müssen die eingehenden Revenues nach wie vor hauptsächlich zu Bezahlung *halten habe.* derer auch pendente Concursu fortlaufenden Landschaftlichen Intressen, und zum Retablissement des Guttes verwendet, der Ueberrest aber erst an die Regierung, vor welcher der Proceß schwebt, ad Massam Concursus eingesendet werden.

§. 32.

Sollte sich der Fall ereignen, daß dergleichen in Concurs gerathnes Gut *Wegen des Reta-* einen totalen Ruin erlitten hätte, und also bey der Sequestration nicht einmal *blissements der* die Hälfte seines wahren Werths bezinsen könnte; so haftet nach der Aller- *Gütter.* höchsten Cabinets-Ordre, auch das übrige Vermögen des Debitoris vor die Sicherheit dieser nach der Concurs-Ordnung zur 3ten Classe gehörigen privilegirten Schulden; also daß die anderweitige Concurs Masse sowohl die Intressen als

als was zur schleunigen Wiederherstellung des Guttes erfordert wird, vorzuschiessen gehalten ist.

§. 33.

Sollte wieder Verhoffen auch dieser Fond zu sothanem Behuf nicht hinlänglich seyn, so muß die Landschaft entweder aus ihrer eigenthümlichen Casse, oder durch aufzunehmende Darlehne, den nöthigen Vorschuß besorgen; und verstehet sich nach denen schon bekannten Landesgesetzen von selbst, daß dergleichen Vorschuß, bey einem künftigen Verkauf, als Commun-Kosten vorzüglich vor allen andern Creditis, und zwar uns cum usuris restituiret werden müsse.

§. 34.

Wegen deren Adjudication. Wenn sich in Termino licitationis ein Käuffer meldet, so muß dessen Gebot wenigstens die Summe derer auf dem Gute haftenden Pfandbriefe hinlänglich bedecken, und ehe und bevor ein dergleichen Licitum erreicht worden, ist die Landschaft in die Adjudication zu consentiren nicht schuldig.

§. 35.

Die Landschaft kan dem Adjudicatario einen Theil der Pfandbriefe aufkündigen. Nach Erfolg der Adjudication dependirt es von der Landschaft, wenn sie einen Anstand dabey findet, dem Adjudicatario die gesammten Pfandbriefe stehen zu lassen, daß sie festsetze, wieviel derselben von dem zu erlegenden Adjudications-Quanto abgestossen werden sollen.

§. 36.

Sie bemühet sich in den Concurs nicht einzulassen. Daß übrigens die Landschaft sich bey dem Concurs nicht melden, auch zu den Commun-Kosten nichts beytragen dürfe, sondern vielmehr ihre eigne Sequestrations-Kosten aus dem sequestrirten Gute nehme, solches ist auf den Grund der Allerhöchsten Cabinets Ordre oben P. I. Cap. I. §. 7. bereits festgesetzt worden.

Sectio II.

Von der denen verunglückten Debitoribus wegen der Interessen zu verstattenden Nachsicht.

§. 37.

Die Landschaft muß denen verunglückten Debitoribus Nachsicht verstatten. Es erfordert sowohl die Pflicht als das eigene Interesse der Landschaft, daß sie denjenigen Schuldnern, welche nicht durch schlechte Wirthschaft, sondern durch andre von einer höhern Gewalt herrührende Unglücksfälle, in das Unvermögen ihre Interessen vor ein oder andern Termin prompt abzuführen gesetzt worden, eine billige Nachsicht dazu verstatte.

§. 38.

Doch erst nach vorgängiger Untersuchung. Damit aber diese Nachsicht in keinem andern als solchen Fällen, wo die Nothwendigkeit solche würklich erfordert, accordirt, und von unordentlichen und liederlichen Wirthen nicht gemißbraucht werden möge, so kan dieselbe nicht anders, als auf vorgängige von der Landschaft anzustellende Untersuchung gestattet werden.

§. 39.

Worauf bey dieser Untersuchung zu sehen.
1) Der Unglücks-Fall muß nicht ex culpa des Besitzers herrühren. Bey dieser Untersuchung ist zuförderst darauf zu sehen: ob der Besitzer etwa an seinem Unglück selbst schuld sey; als in welchem Falle ihm solches zu keiner Schutz-Wehr gereichen kan. Wenn also jemand z. E. seinen Acker nicht gehörig bestellt hat, oder die Dämme oder Graben nicht in erforderlichem Stande erhält, und dadurch die Felder der Ueberschwemmung exponirt werden u. d. g. so kan ihn dergleichen Unglücks-Fall zu der prætendirten Nachsicht keinesweges qualificiren.

§. 40.

2) Er muß groß seyn, und Der Unglücks-Fall muß ferner so groß seyn, daß das Gut nicht so viel trägt, als in dem bevorstehenden Termin zu Bezahlung der Interessen von den landschaftlichen Pfand-Briefen erfordert wird. Es kan also nicht ein jeder Rückschlag der Revenüen bey dieser oder jener Rubrique eines Guttes den Besitzer eine dergleichen Nachsicht zu verlangen, berechtigen.

§. 41.

3) tempestive angezeigt werden. Hiernächst muß auch der Debitor diesen ihn betroffnen Unglücks-Fall wenigstens 8 Tage nach dessen Erfolg dem Directori des Fürstenthums anzeigen.

Wenn

Wenn er solches unterläßt, soll er damit nicht ferner gehöret, sondern mit der Sequestration ohne weitere Rücksicht verfahren werden.

§. 42.

Auf diese Anzeige des Damnificati muß der Director die erforderliche Untersuchung nach Beschaffenheit der Umstände, einem oder zweyen derer Creyß-Eltesten auftragen, welche die Sache nach obigen Principiis pflichtmäßig recherchiren, ein umständliches Protocoll darüber aufnehmen, und solches mit ihrem gutachtlichen Bericht, und einer detaillirten Specification der gewöhnlichen Revenüen des Gutes, und des dabey durch den vorgewesenen Unglücks-Fall sich ereigneten Rückschlags, an den Directorem begleiten. *Wie bey der Untersuchung zu verfahren.*

§. 43.

Bey Eröfnung des nächsten Fürstenthums-Tages, bringet dieser alle dergleichen Berichte in pleno zum Vortrag, und das Collegium setzt alsdenn fest, auf was für ein Quantum, und wie lange, dem Supplicanten die gebetene Nachsicht accordiret werden solle. *und die Nachsicht zu verstatten.*

§. 44.

Mit Ablauf solchanen Spatii muß der Debitor das restirende Quantum zur Fürstenthums-Casse ohnfehlbar abführen, oder gewärtigen, daß solches ohne einige weitere Entschuldigung anzunehmen, mit aller Schärfe der landschaftlichen Execution beygetrieben werden wird. *nach deren Ablauf aber die Execution zu verfügen.*

Sectio III.
Von Supplirung der ausbleibenden Interessen und Berechnung derer eingehenden Reste.

§. 45.

Aus dem was in antecedentibus gesagt worden, erhellet, daß Fälle vorkommen können, wo nicht alle Interessen in denen festgesetzten Terminen eingehen, und folglich von der Landschaft zu suppliren seyn werden. *Die Landschaft muß die Interessen-Reste suppliren,*

§. 46.

Dieses geschiehet entweder aus dem einer jeden Fürstenthums-Landschaft eigenthümlich zugehörigen Fond, welcher vor dergleichen Bedürfniße hauptsächlich bestimmt ist, und woraus die erforderlichen Vorschüße gemacht, nach beygetriebenen und eingegangenen Resten aber halbjährig, mit Interessen à 5 pro Cent zurück gezahlt werden. *Entweder aus ihrem eigenthümlichen Fond, oder*

§. 47.

Wenn aber dieser Fond nicht hinreicht, oder die Landschaft aus andern Ursachen Gebrauch davon zu machen Bedenken trägt, so muß der Director und das gesammte Collegium auf Mittel bedacht seyn, die erforderlichen Gelder durch aufzunehmende Darlehne in Zeiten herbey zuschaffen. *durch Darlehne,*

§. 48.

Dieses muß vornehmlich bey denjenigen Intressen geschehen in Ansehung deren dem Debitori eine Nachsicht accordiret worden, und von welchen man also tempestive und mit Gewißheit voraus sehen kann, daß solche nicht zu rechter Zeit eingehen werden. Denn vor diese hat das Fürstenthums-Collegium am angelegentlichsten Sorge zu tragen, weil die Haupt-Landschafts-Commission sich darauf zu einiger Unterstützung nicht anheischig machen kan. *vornehmlich wieder die gestundeten Interessen.*

§. 49.

Derjenige, welcher zu Supplirung derer rückständig gebliebenen Interessen Vorschuß macht, hat damit eben das Recht als die landschaftliche Pfandbriefe selbst, und wenn ihm sein Vorschuß nicht in dem stipulirten Termino zurück bezahlt wird, so muß ihm auf seine bloße Anzeige und ohne Verursachung der geringsten Kosten, eben die Execution sofort und ohne den mindesten Anstand accordirt werden, mit welcher die Landschaft ihre eigene rückständigen Interessen von den morosen Debitoribus beyzutreiben berechtiget ist. *Vorzüge solcher zu Supplirung der Intressen gemachten Darlehne,*

§. 50.

Es muß also ein dergleichen Creditor sich von demjenigen, welchem er den Vorschuß macht, eine von dem Directore des Fürstenthums ausgestellte Recognition ertheilen lassen, worinn dieser bescheiniget, daß die Gelder quæstionis würk- *welche dem Debitori gegen Recognition der Landschaft, oder* lich zur Bezahlung landschaftlicher Interessen vor dem und dem Termin gelieben und verwendet worden, und worinn ihm zugleich in casu morae die landschaftliche Execution zugesagt wird.

§. 51.

der Landschaft unmittelbar gemacht werden. Eben dergleichen Recognition erhält auch derjenige, welcher der Landschaft immediate Gelder zu Supplirung ihrer Interessen vorschießt.

§. 52.

Eine solche Recognition gilt nur ein halbes Jahr. Womit aber auch aller Mißbrauch vermieden werde, und nicht allzuviel dergleichen Rückstände anschwellen mögen, so kan diese Recognition und darinn stipulirte landschaftliche Execution nur auf ein halbes Jahr, nemlich von einem Interessen Zahlungs-Termin bis zum andern gelten; und muß daher ein solcher Creditor nach dessen Ablauf die Execution sofort extrahiren, oder den Verlust seiner Priorität gewärtigen.

§. 53.

Wie es mit deren Prolongation zu halten. Wenn jedoch wegen des folgenden Termins der nemliche Fall sich abermals ereignen, und der Creditor sich entschließen sollte, die unterdeß vor ihn beygetriebne Gelder des ersten Termins von neuem zu avanciren; so stehet ihm solches zwar frey. Es muß aber alsdenn die Recognition umgeschrieben, und das neue Darlehn auf den currenten Termin gerechnet werden; dergestalt, daß niemals ein höherer als halbjähriger Zinsen-Rückstand anschwellen kan.

§. 54.

Dergleichen Vorschüße werden denenselben von den Debitoribus mit 6 Procent verzinst. Dergleichen von Particuliers zu supplirung der Interessen gemachte Vorschüße, müssen denenselben von den Debitoribus mit 6 pro Cent verzinst, und diese Interessen mit dem Vorschuß selbst unter einem beygetrieben werden.

§. 55.

und zwar halbjährig. Es müssen auch dieselben allemal die vollständige halbjährige Rata erhalten, wenn ihnen gleich ihr Vorschuß aus der Casse früher zurück gezahlt werden sollte.

§. 56.

Die Rückzahlung geschieht auf dem nächsten Fürstenthums-Tage. Indeßen geschiehet regulariter diese Zurückzahlung nicht eher, als auf der nächstfolgenden Fürstenthums-Versammlung.

§. 57.

Eventualiter werden dergleichen Vorschüße bey der Haupt-Landschafts-Commission gesucht. Es ist nicht zu zweifeln, daß unter dergleichen vortheilhaften Bedingungen sich allemal Particuliers finden werden, welche sich zu solchen Vorschüßen resolviren. Wenn indeß die Fürstenthums-Landschaft wider Verhoffen ihre Bemühungen vergeblich angewandt haben sollte, so muß sie alsdenn an die Haupt-Landschafts-Commission recurriren und derselben die Summa welche sie zu Supplirung ihrer Interessen Casse nöthig hat, bekannt machen. Diese wird alsdenn vor die Herbeyschaffung solcher Summe entweder aus dem Landschaftlichen Haupt-Fond, oder auf andere Art Sorge tragen. Indeß verstehet sich nach dem was schon oben §. 48. gesagt ist, von selbst, daß gedachte Commission sich auf keine andere als solche Fälle einlaßen dürffe, wo die Reste durch die würcklich eingelegte Sequestration nicht so prompt als es die Nothdurft erfordert, beygetrieben werden können.

§. 58.

Von den Rest-Rechnungen und Aus allen dem was bishero gesagt worden, folgt von selbst, daß bey jedem Fürstenthum außer der Interessen- auch noch eine besondere Rest-Rechnung gehalten werden müße.

§. 59.

deren Einrichtung. Welches Gut also und wie viel es an Interessen restire, und woher solche supplirt worden, wird von denen Deputirten welche in dem Zahlungs-Termin die Casse geführt haben, aus denen Interessen-Rechnungen extrahirt. Wenn und woher aber diese Reste eingegangen, und wie die gemachten Vorschüße davon gezahlt worden, muß von dem Directore mit Zuziehung des Syndici fortgetragen werden.

§. 60.

Von Einsendung und Es müßen also die Sequester sowohl von denen sub Executione stehenden Güttern, als die Debitores selbst, welche Nachsicht erhalten haben, die dießfälligen Gelder an dem Directorem einzahlen, welcher dieselben sofort in die Rechnungen gehörig eintragen, und das baare Geld in die landschaftliche Vorschuß-Casse deponiren muß.

§. 61.

§. 61.

Zu dieser Casse hat der Director und Syndicus jeder einen besondern Schlüssel. Auch stehet dem Collegio frey, einen in der Nachbarschaft der Fürstenthums-Stadt domicilirenden Landes-Eltesten zu ernennen, welcher den 3ten Schlüssel mitführen, und zugleich die Rechnungen controlliren solle. *Vermehrung der beygetriebnen Reste.*

§. 62.

Alle dergleichen Rest-Rechnungen müssen auf dem nächsten Fürstenthums-Tage dem Collegio vorgelegt, durch eine aus seinem Mittel niederzusetzende Commission revidirt und abgenommen, auch denen Rechnungs-Führern eine specifique Decharge darüber ertheilt werden. *Von Abnahme der Rest-Rechnungen.*

§. 63.

Die Interessen- und speciellen Sequestrations-Rechnungen, nebst den Quittungen derjenigen, welche die Vorschüße zu Supplirung sothaner Reste geleistet, und solche remboursirt erhalten haben, sind die Belege wodurch sothane Rechnungen justificirt werden müssen. *und was dazu vor Belege gehören.*

§. 64.

Die Haupt-Landschafts-Commission führet eine gleichmäßige Rechnung über die von ihr vorgeschoßenen Reste; nur mit dem Unterschiede, daß solche nicht auf specielle Güter gerichtet, sondern bloß mit jedem Fürstenthums-Collegio über die ganze Summe derer demselben von halben zu halben Jahren gemachten Vorschüße geführet wird. *Von den Rest-Rechnungen der Haupt-Landschafts-Commission.*

Cap. VI.
Von Realisirung der kleinen Pfandbriefe und Verwaltung des dießfälligen Fond.

§. 1.

Es ist bereits oben festgesetzt worden, daß alle von 20, bis 100. Rthl. bestellte Pfandbriefe aus dem von Sr. Königlichen Majestät dazu allergnädigst bewilligten Fond ihren Innhabern auf jedesmahlige Præsentation, und ohne daß es einer Aufkündigung bedarf, realisirt, das heißt, durch baare Bezahlung abgelöst werden sollen. *Die kleinen Pfandbriefe werden aus dem dießfälligen Fond.*

§. 2.

Es wird also in Breßlau ein Realisations-Comtoir etablirt, welches alle bey dem Realisations-Tage (die Sonn- und Festtage ausgenommen) Vormittags von 10 bis 12 Uhr, und Nachmittags von 3 bis 5 Uhr eröfnet ist; wo ein jeder seine kleinen Pfandbriefe, so bald es ihm beliebig, hinbringen und realisiren laßen kan. *Realisations-Comtoir in Breßlau realisirt.*

§. 3.

Diese Casse entrichtet denen Præsentanten ihr Capital ohne den mindesten Abzug; hingegen bezahlt sie nichts auf die davon etwa bereits verseßenen Interessen; sondern diese werden integraliter vor das ganze halbe Jahr, von demjenigen erhoben, welcher zur Zeit der Zahlungs-Termine den Pfandbrief in Händen hat, und ihn bey der Interessen Casse zur Præsentation bringet. *Diese bezahlt nur das Capital und keine Interessen.*

§. 4.

Wenn also auch die Realisations-Casse zur Zeit dieser Termine dergleichen Pfandbriefe selbst in Besitz hat, so præsentirt sie solche, wie jeder anderer Particulier, und erhebt die davon fallenden Zinsen von denen aus den Fürstenthums-Cassen an die Haupt-Landschafts-Commission eingesandten Beständen. *Erhebt die Interessen derer in ihren Besitz habenden Pfandbriefe.*

§. 5.

Da die kleinen Pfandbriefe hauptsächlich zum Cours im Publico statt des baaren Geldes destinirt sind, so muß die Realisations-Casse deren nicht allzuviel an sich behalten, sondern sie wiederum aus, und unter das Publicum zurück zu bringen suchen. *Die Realisations-Casse muß nicht zu viel Pfandbriefe inne behalten.*

§. 6.

Doch muß dabey vorzüglich darauf gesehen werden, daß gegen die Zeit der Zinßen-Zahlung so viel kleine Pfandbriefe vorräthig sind, und der Interessen-Casse præsentirt werden können, als nicht nur zur Bezahlung der 2 pro Cent zum Armen Fond, sondern auch zu Unterhaltung der Casse und ihrer Officianten erfordert werden. *Doch müßen deren so viel vorhanden seyn als die Verzinsung des Fond erfordert.*

§. 7.

§. 7.

Bey Ausgebung der Pfandbriefe werden keine Interessen bezahlt. Diejenigen Particuliers, welche der Realisations-Casse dergleichen kleine Pfandbriefe abkauffen, dürffen davor ebenfalls nur das Capital, vor die davon verseßne und ihnen zu gutte kommenden Interessen aber, eben so wenig als im obigen Falle (§. 3.) geschiehet, etwas bezahlen.

§. 8.

Wenn das Realisations-Comtoir geschlossen ist. So lange als die Zinßen-Bezahlung in den Fürstenthümern und resp. von denen an die Haupt-Landschafts-Commission eingesandten Beständen dauert, nehmlich 3 Wochen nach Johanni und Weynachten, bleibt die Realisations-Casse geschlossen, womit der Rechnungs-Abschluß formirt, die Interessen derer vorräthigen realisirten Pfandbriefe erhoben, und nach ihren verschiedenen Bestimmungen wiederum ausgezahlt werden können.

§. 9.

Von Administration des Realisations-Fond, und Anlangend die Administration des Realisations-Fond, so stehet selbiger unter der Direction der Haupt-Landschafts-Commission.

§. 10.

dessen Verwahrung. Diese verwahrt den zu ihren Händen gezahlten Haupt-Bestand ad modum depositi in einem Feuersichern Gewölbe und eisernen Kasten, wozu zwey von ihren Beysitzern oder Repræsentanten nebst dem Syndico sovielbesondre Schlüssel führen.

§. 11.

Von Betreibung der Realisation und Aus diesem Bestande wird dem Realisations-Comtoir immer nur ein gewisses bestimmtes Quantum auf einmal, zu Betreibung der vorkommenden Realisationen, verabfolget.

§. 12.

Ablieferung der eingelösten Pfandbriefe. Alle Sonnabend muß gedachtes Comtoir die in der vorhergehenden Woche realisirten Pfandbriefe ad depositum abliefern, wogegen ihm sein Bestand durch frische Gelder wiederum completiret wird.

§. 13.

Was vor Officianten zum Realisations-Comtoir gehören, und Dieses Realisations-Comtoir bestehet aus einem Rendanten, einem Controlleur und einem Cassen-Diener, welche von der Haupt-Landschafts-Commission bestellt werden. (P. II. C. l.)

§. 14.

deren Caution. Der Rendant und Controlleur müssen zusammen eine gewiße dem ihnen auf einmahl anvertrauten Quanto proportionirte Caution bestellen, auch sich außer dem der Revision der Haupt-Landschafts-Commission, welche dergleichen, so oft es ihr beliebt, anstellen kan, unterwerfen.

§. 15.

Von Wiederausbringung der realisirten Pfandbriefe. Mit derjenigen Operation, wodurch die in der Caße befindlichen überflüßigen Pfandbriefe wieder in Cours zurück gebracht werden sollen, hat das Comtour schlechterdings nichts zu thun, sondern es gehöret solche lediglich vor die Haupt-Landschafts-Commission, welche, wenn sie dergleichen vorzunehmen befindet, einen Terminum dazu durch die öffentlichen Nachrichten bekannt macht, und den Verkauf der Pfandbriefe an die sich meldende Liebhaber durch ihre Depositarios verrichten läßt.

§. 16.

Von der Revision der Haupt-Casse. Der Haupt-Bestand der Realisations-Casse wird alljährig von dem Ausschuß revidiret, auch stehet dem Præsidenten frey, dergleichen Revision, so oft er es gut findet, mit Zuziehung desjenigen Repræsentanten, welcher nicht Depositarius ist, vorzunehmen.

§. 17.

Von Führung der Rechnungen bey dem Realisations-Comtoir. Das Realisations-Comtoir hat immer nur das jedesmahlige Quantum, welches ihm verabfolget worden, zu verrechnen. Die Rechnung bestehet also nur aus einer Consignation derer eingelösten Pfandbriefe, bey welcher das Datum der erfolgten Realisation, und wer der Præsentant gewesen, zu vermercken ist.

§. 18.

§. 18.

Wenn dieses Comtoir seine eingelösten Pfandbriefe an die Haupt-Land- und deren Abschafts-Commission abliefert, so übergiebt es zugleich diese in duplo zu führende Rechnung, nach welcher die Pfandbriefe in Empfang genommen, der etwa noch übrige Bestand revidirt, der richtige Befund unter beyde Exemplarien attestirt, und das eine bey den Actis behalten, das andre aber dem Rendanten loco der Decharge zurück gegeben wird.

§. 19.

Die Haupt-Landschafts-Commission führet ihre Rechnungen in Gestalt eines Protocolls, welches von dem Syndico gehalten und von den andern bey den Depositariis mit unterschrieben wird. *Von den Rechnungen über die Haupt-Casse.*

§. 20.

Diese Rechnung wird durch den Præsidenten und den dritten Repræsentanten, welcher nicht Depositarius ist, mittelst des zu haltenden Anschaffungs-Buches controllirt, und womit solches geschehen könne, muß das Realisations-Comtoir seine Rechnungen allemahl schriftlich durch ein kurzes Pro Memoria übergeben, so daß solche in pleno Collegii vorgetragen, und das nöthige daraus in der Controlle bemerkt werden kann. *und deren Controllirung.*

§. 21.

Von sothaner Haupt-Rechnung ist diejenige unterschieden welche die Haupt-Landschafts-Commission über die vor ihre kleine Pfandbriefe aus den Interessen-Cassen erhobne Zinsen führet. *Von Verrechnung der Interessen vor die realisirten Pfandbriefe,*

§. 22.

Die Einnahme in selbiger bestimmt sich durch die Summe derer zur Zeit der Zinsen-Zahlung vorräthig gewesenen Pfandbriefe; zur Ausgabe gehören, vornehmlich die in den Armen-Fond in halbjährigen Ratis zu bezahlenden pro Cent, die Salaria der Officianten und andre bey der Casse vorkommenden Bedürfnüße. *und was dahin gehöret.*

§. 23.

Diese Rechnung muß von dem Ausschuß alljährig abgenommen werden. Die Einnahme wird durch Gegeneinanderhaltung der Einnahme und Ausgabe in der Haupt-Rechnung eruirt, die Ausgabe hingegen ist durch ordentliche Beläge zu justificiren. *Von Revision und*

§. 24.

Die Revisores müssen den richtigen Befund unter die Rechnung selbst attestiren; übrigens aber diese Rechnungen ins gesammt denen versammelten Ständen zur nochmahligen Revision vorgelegt werden. *Abnahme dieser Rechnungen.*

§. 25.

Der von denen percipirten Interessen, nach Abzug der Etats mäßigen Ausgaben etwa verbleibende Ueberschuß, gehört zu denen eigenthümlichen Fonds der Landschaft, von welchen unten in einem besondern Capitel gehandelt werden soll. *Von dem dießfälligen Ueberschuß.*

§. 26.

Da es auch die Absicht der kleinen Pfandbriefe ist, daß dieselben im Publico circuliren, die Stelle des baaren Geldes vertreten, und vornemlich zum Verkehr kleinerer Summen, die nach jetzigen Umständen eine Zeitlang müßig liegen, dienen sollen; hingegen aber zu besorgen stehet, daß dieselben wegen ihrer Vorzüge allzu sehr gesucht, und in die Cassen einiger wenigen reichen Particuliers eingeschloßen, mithin dem Cours im Publico entzogen werden möchten, so soll die Haupt-Landschafts-Commission vorzüglich darauf Acht haben, womit dergleichen zweckwidrige Gebahrungen und die Einschließung allzu großer Summen von kleinen Pfandbriefen vermieden werden möge. Sobald sie nun wahrnimmt, daß diese sich aus dem Cours in Publico zu verlieren anfangen; so muß sie die Fürstenthums-Collegia davon benachrichtigen und anweisen, bey denen Interessen-Zahlungen darauf Acht zu haben, ob etwa von ein und anderem Particulier gar zu viel dergleichen Pfandbriefe auf einmal *Wie zu verhüten, daß die kleinen Pfandbriefe nicht aus dem Cours kommen.*

N 2

einmal zur Præsentation gebracht werden möchten, als in welchem Fall das Fürstenthums-Collegium dieselben nach einer ihm den jedesmaligen Umständen gemäß anzugebenden gewißen Proportion, durch baare Zahlung ablösen, und an die Haupt-Landschafts-Commission einsenden soll, welche ihm die dazu erforderlichen Gelder übermachen, oder auf die zurückbleibenden Interessen Bestände assigniren, übrigens aber davor Sorge tragen wird, daß diese Pfandbriefe wieder distribuiret, und ins Publicum zum Cours zurück gebracht werden.

Cap. VII.
Von Auffkündigung der Capitals-Pfandbriefe und deren Ablösung durch die Landschaft.

§. 1.

Die großen Pfandbriefe müßen halbjährig aufgekündigt,
Es stehet bereits durch die Allerhöchste Cabinets Ordre fest, daß derjenige, welcher seinen besitzenden Capitals-Pfandbrief, d. h. einen solchen, welcher mehr als 100 Rthlr. beträgt, in baares Geld verwandeln will, ihn der Landschaft halbjährig aufkündigen müße.

§. 2.

können aber auch privatim veräußert werden.
Hiedurch wird indeßen, wie sich von selbst verstehet, niemand die Freyheit beschränkt, solchen auch privatim an einen andern Particulier zu veräußern.

§. 3.

Wie bey dieser Aufkündigung und
Die Aufkündigung an die Landschaft, muß dem Fürstenthums-Collegio wohin der Pfandbrief gehöret, an einen von denen Interessen-Terminen bey Gelegenheit, daß der Pfandbrief daselbst zur Præsentation kommt, ad Protocollum geschehen, worauf der aufgekündigte Pfandbrief ad depositum genommen, dem Creditori aber statt deßen eine Recognition super facta resignatione ertheilt wird.

§. 4.

Ablösung solcher Pfandbriefe zu verfahren.
Diese Recognition muß er auf den nächstfolgenden Termin wiederum præsentiren, und erhält dagegen seine Bezahlung, nebst denen unterdeß verfallenen halbjährigen Interessen.

§. 5.

Woher die dazu erforderlichen Gelder
Es muß also das Fürstenthums-Collegium, und besonders der Director, vor Herbeyschaffung der erforderlichen Gelder, zu Honorirung solcher Aufkündigungen Sorge tragen.

§. 6.

herbeygeschaft werden sollen.
Diese Gelder müßen entweder
1) durch Substituirung eines andern Creditoris der den aufgekündigten Pfandbrief an sich lösen will; oder
2) aus dem eigenthümlichen Fond der Landschaft; oder endlich
3) durch auswärtige Darlehne herbeygeschaft werden.

§. 7.

Die Landschaft muß die im Lande befindlichen Gelder dazu employren.
Was den ersten und gewöhnlichen Modum betrifft, so muß die Landschaft sich dazu derer im Lande befindlichen Gelder zu Nutze zu machen.

§. 8.

Die Proxeneten sollen abgeschaft, und die Geld Versuren durch die Landschaft besorgt werden.
Zu dem Ende soll bey Sr. Königl. Majestät allerunterthänigst dahin angetragen werden, womit Allerhöchstdieselben durch ein besondres Edict festzusetzen geruhen möchten; daß das dem Lande zeithero so nachtheilig gewesene Metier derer Proxeneten und Geld-Mäckler, in Ansehung des Adels gänzlich abgeschaft seyn, und aller Geld-Verkehr zwischen diesem und denen Capitalisten, in sofern dabey die Intervention eines Dritten concurrirt, durch die Landschaft besorgt werden solle.

§. 9.

Debitores und Creditores müssen sich bey der Landschaft melden.
Es müssen also alle diejenigen von Adel, welche Gelder entweder auf Pfandbriefe, oder auf simple Hypothequen suchen, wie nicht weniger diejenigen Capitalisten, welche dergleichen auf eine oder die andre Art verleihen wollen, sich entweder unmittelbar bey der Haupt-Landschafts-Commission, oder bey einem von denen Fürstenthums-Directoribus melden, und ihre Bedürfniße anzeigen.

§. 10.

§. 10.

Denenjenigen, welche ihre Namen nicht bekannt gemacht wißen wollen, wird eine unverbrüchliche Verschwiegenheit darüber versprochen. Auch stehet denen so ihren Namen nicht eher als bis sie wißen, ob und wie ihnen Satisfaction geleistet werden wird, zu manifestiren wünschten, frey, nur einen gewißen sichern Ort z. E. eine accreditirte Handlung ꝛc. anzuzeigen, wo man erforderlichen Falls nähere Nachricht erhalten, oder auch die offerirten Gelder selbst erheben könne.

Wie es zu halten, wenn sich jemand nicht nennen will.

§. 11.

Die Directores müßen über dergleichen Anzeigen besondre Bücher führen, und daraus einem jeden die verlangte Notiz ertheilen, wo er Gelder unterbringen oder finden kan.

Die Directores müßen über solche Anzeigen Bücher führen, und

§. 12.

Aus diesen Büchern muß monatlich ein Extract und Haupt-Balance an die Haupt-Landschafts-Commission eingesendet werden, womit diese das Ganze übersehen, und denen sich etwa in denen besondern Fürstenthümern ereignenden Bedürfnißen von einer oder der andern Art abhelfen könne.

Extracte davon an die Haupt-Landschafts-Commission einsenden.

§. 13.

Wenn also Capitals-Pfandbriefe aufgekündigt werden, so muß der Director so fort nachsehen, ob in seinem Departement hinlängliche Fonds, dergleichen Aufkündigungen zu honoriren, vorhanden sind, und wenn solches ist, die dießfälligen Gelder so fort in Beschlag nehmen.

Von dem Gebrauch dieser Bücher.

§. 14.

Wenn nicht besondre Bedenklichkeiten vorwalten, kan der aufkündigende Creditor sofort brevi manu an denjenigen der ihm seinen Pfandbrief ablösen will, verwiesen werden; und stehet diesen beyden alsdenn frey, sich wegen der Zeit und des Ortes der Bezahlung und überhaupt aller andern Modalitäten mit einander zu vergleichen; jedoch dergestalt, daß wenn darüber einige Differenz unter ihnen entstehen sollte, die Landschaft schuldig ist, dieselbe auf eine solche Art zu vermitteln, daß weder dem alten noch dem neuen Creditori die geringsten Weitläuftigkeiten oder Kosten verursacht werden.

Der aufkündigende Pfandbriefs-Innhaber kan an den neuen Creditorem ausgewiesen werden; oder

§. 15.

Sollte diese Anweisung Schwierigkeiten leiden, und etwa dieser oder jener sich mit dem andern privatim nicht einlaßen, sondern sein Geld schlechterdings nicht anders, als an die Landschaft zahlen oder von derselben erheben wollen, so muß alsdenn der alte und neue Creditor auf einen gewißen Tag, vor die Landschaft beschieden, und daselbst die Auswechselung des Geldes gegen den Pfandbrief vollzogen werden.

der dießfällige Umschlag kan vor der Landschaft geschehen.

§. 16.

Wenn der Director in seinem Departement die erforderlichen Fonds, um allen Aufkündigungen zu begegnen, nicht herbeyschaffen kan, so muß er solches sofort und ohne den mindesten Zeitverlust der Haupt-Landschafts-Commission anzeigen, welche ihm aus ihrem General-Etat der gesuchten und vorhandenen Gelder im ganzen Lande, die erforderliche Auskunft, wohin er sich zu addreßiren, oder die Interessenten zu verweisen habe, ertheilet.

Eventualiter ist sich an die Haupt-Landschafts-Commission zu wenden.

§. 17.

Von den andern Mitteln, die zu Honorirung der erfolgten Aufkündigungen erforderliche Gelder herbeyzuschaffen, soll in den folgenden beyden Capiteln gehandelt werden.

Von den übrigen Mitteln zu Herbeyschaffung der Gelder.

§. 18.

Wenn ein Debitor einen auf seinem Gute radicirenden Pfandbrief selbst ablösen will, so muß er solches der Landschaft anzeigen, welche auf dem nechsten Interessen-Termin die Aufkündigung an den Præsentanten und dermaligen Besitzer des Pfandbriefs ergehen läßt, und solchen ad Depositum nimmt, bis die würkliche Ablösung an dem folgenden Termine geschiehet.

Wie es zu halten, wenn ein Debitor seine Pfandbriefe selbst ablösen will.

§. 19.

Die Bezahlung muß der Debitor in baarem Gelde præstiren, und kan dem Creditori wieder seinen Willen nicht ein Pfandbrief vor den andern aufgedrungen werden; sondern wenn der Debitor einen fremden Pfandbrief besitzt,

Dieses muß mit baarem Gelde geschehen.

D

sezt, und seinen eigenen damit einlösen will, so kan er zu gleicher Zeit, als er den leztern dem Creditori aufkündigt, auch in Ansehung des erstern die Aufkündigung an die Landschaft ergehen lassen, und sich solchergestalt das erforderliche baare Geld procuriren.

§. 20.

Was vor eine Proportion dabey zu beobachten. — Es verstehet sich von selbst, daß bey Ablösung der Pfandbriefe durch den Debitorem, im Ganzen eben die Proportion, als bey deren Ausfertigung, beobachtet werden, und von dem noch unbezahlt bleibenden Quanto allemal, wenigstens der zehnte Theil, in Realisations-Briefen bestehen müsse.

§. 21.

Von Cassirung der abgelößten Pfandbriefe. — Es bleibt übrigens dem freyen Willen des Debitoris überlassen, ob er dergleichen eingelöste Pfandbriefe cassiren, oder solche auf einen etwanigen künftigen Nothfall zur Wiederausgebung an sich behalten, und unterdessen nach dem was oben Pag. 3. Cap. 4. gesagt worden, die Interessen sich selbst bezahlen wolle.

§. 22.

Wo und wie solche geschiehet. — Die Cassation, wenn er solche verlangt, geschieht vor dem versammleten Fürstenthums-Collegio, welches alsdenn den cassirten Pfandbrief in den Landschafts-Registern löscht, und ihn der Regierung des Departements ad extabulandum aus den Hypotheguenbüchern einsendet.

Cap. VIII.

Von Aufnehmung auswärtiger Darlehne.

§. 1.

Wer die Aufnahme fremder Darlehne resolviren und proponiren kan. — Auswärtige Darlehne können nicht anders als unter allerhöchster Genehmigung Sr. Königlichen Majestät und ex Concluso eines General-Landtages aufgenommen werden.

§. 2.

Die Haupt-Landschafts-Commission, welche das Universum und die Verfassung der Umstände des ganzen Systems übersieht, ist allein im Stande zu beurtheilen: Ob der Fall, wo diese Sache ad deliberandum ausgestellt zu werden verdient, würklich vorhanden sey.

§. 3.

Wie bey der Proposition zu verfahren. — Sie muß also solches auf dem nächst bevorstehenden General Landtage in Vortrag bringen, oder wenn die Umstände so lange zu warten nicht erlauben sollten, die schriftlichen Erklärungen sämmtlicher Fürstenthums-Collegiorum erfordern.

§. 4.

Die Haupt-Landschafts-Commission kan vor sich nichts negociren. — Ehe und bevor ein dießfälliges allgemeines Conclusum festgesezt worden, kan sie zwar zu einer dergleichen Negociation die ersten vorläufigen Ouverturen machen, niemalen aber finaliter etwas abschlüßen.

§. 5.

Worauf das Conclusum zu richten. — Wenn nun solchergestalt die Frage: Ob ein auswärtiges Darlehn anzunehmen sey? affirmative entschieden worden, so muß alsdenn zugleich das Quantum, die Repartition desselben, und alle übrigen Nebenumstände so viel als möglich festgesezt werden.

§. 6.

Wer die Unterhandlung führe. — Nach diesem Concluso wird die fernere Unterhandlung von der Haupt-Landschafts-Commission geführet, welche die negocirten Gelder einzieht, und nach der festgesezten Proportion unter die Fürstenthümer repartirt.

§. 7.

Nach welcher Proportion die Gelder zu repartiren. — Diese Proportion reguliret sich nach der Anzahl von Pfandbriefen, welche jedes Fürstenthum zum Versaz an die auswärtigen Creditores abliefert, und diese wird hinwiederum regulariter durch die Summen derer in jedem Fürstenthum ausgefertigten Pfandbriefe determinirt.

§. 8.

Die Intressen davon werden an die Haupt-Landschafts-Commission eingesendet, und — Es ist bereits oben Cap. IV. verordnet worden, daß die von diesen auswärtigen Darlehnen zu entrichtende Interessen, von sämmtlichen Fürstenthums-Collegiis an die Haupt-Landschafts-Commission eingesendet werden müssen.

§. 9.

§. 9.

Diese muß gleich bey Abschließung des Darlehns-Contracts mit denen fremden Creditoribus die Modalitäten wegen der Münz-Sorten, und die Art der Uebermachung solcher Interessen, so bestimmt als möglich festzusetzen suchen, womit nach Maßgabe deßen, die würkliche Uebermachung sofort geschehen, auch wegen der dabey auflaufenden Kosten ein gewißer Etat formirt werden könne. *Von dieser an die fremden Creditores übermacht.*

§. 10.

Wenn dieser Etat einmal fixirt ist, so dürfen die Fürstenthums-Collegia von denen auf dergleichen Pfandbriefe eingehenden Interessen, nur das zu Erfüllung dieses Etats erforderliche Quantum an die Haupt-Landschafts-Commission einsenden, und können das etwannige Surplus zurück behalten. *Wem das diesfällige Surplus gebühre, und*

§. 11.

Dieses Surplus muß, wie der jedesmalige General-Landtag solches nach Beschaffenheit der Umstände festsetzt, zum gemeinen Besten und zum Soulagement derer verbundenen Stände employiret werden; wobey die Proportion nicht allein unter den Systemen und Fürstenthümern, sondern auch unter denen dabey interessirenden Particuliers mit der genauesten Egalité beobachtet werden muß. *wozu selbiges zu employiren.*

§. 12.

Es verstehet sich von selbst, daß die Haupt-Landschafts-Commission so wohl mit denen Fürstenthums-Collegiis, als mit denen auswärtigen Creditoribus über dergleichen Darlehne und die daran zu zahlende Interessen ordentliche Rechnung führen müße. *Von der über solche Darlehne zu führenden Rechnung.*

§. 13.

Wenn der Termin eines solchen Darlehns sich seinem Ablauf nähert, so muß auf dem nächst vorhergehenden General-Landtage mit in Berathschlagung genommen werden: ob solches zurück gezahlt, oder deßen Prolongation gesucht werden solle. *Von Rückzahlung derselben, und*

§. 14.

Wenn entweder ersteres resolviret worden, oder letztere nicht erhalten werden kan, so muß alsdenn ein jedes Fürstenthums-Collegium die zu Ablösung seiner Rate an Pfandbriefen erforderlichen Summen an die Haupt-Landschafts-Commission einsenden, welche die Rückzahlung nach dem mit denen Creditoribus ebenfalls gleich anfänglich zu verabredenden Modo besorgen wird. *wie dabey zu verfahren.*

Cap. IX.
Von den eigenthümlichen Fonds der Landschaft und deren Administration.

§. 1.

Die Landschaft hat eigenthümliche Fonds nöthig.
1) Um die zu Unterhaltung des Systems erforderlichen Kosten zu bestreiten.
2) Um die zurückbleibende Interessen suppliren, und ihre Stände erforderlichen Falls mit Vorschuß dazu unterstützen; auch
3) um die ihr verpfändete und ex post etwa in Verfall gerathne Güter durch gleichmäßigen Vorschuß retabliren zu können; endlich auch
4) um auf allen unvermutheten Fall, einen in denen ihr verpfändeten Gütern sich ereignenden Ausfall, ohne Beschwerde ihrer Stände übertragen zu können.

Wozu die Landschaft eigenthümliche Fonds brauche.

§. 2.

Zu den Kosten welche der Landschaft zur Last fallen, gehöret die Unterhaltung der Haupt-Landschafts-Commission; die Salaria der Directorum, Syndicorum und übrigen Subalternen bey denen Fürstenthums-Collegiis: die Diaeten derer Crayß-Eltesten in gemeinen Landes-Angelegenheiten; die Besorgung des nöthigen Gelaßes zur Casse, Registratur und Versammlung; die Anschaffung derer zu den Pfandbriefen erforderlichen Ausfertigungs- wie auch andere Schreib-Materialien und übrigen Bedürfniße, an Holz, Licht u. d. g. die Kosten des Transports derer an die Haupt-Landschafts-Commission einzusendenden Interessen Bestände, und überhaupt alle Arten von Ausgaben, welche das Universum und nicht das Interesse speciale dieses oder jenes Particuliers betreffen. *was vor Kosten der Landschaft zur Last fallen.*

§. 3.

Woraus die Fonds der Landschaft bestehen. Zu diesem und denen andern sub No. 2 et 3. angezeigten Bedürfnißen hat die Landschaft folgende Fonds.
1) Den von denen Debitoribus bey Bezahlung ihrer Intressen vor die größern Pfandbriefe zu entrichtenden Quittungs-Groschen.
2) Das 6te Pro Cent von denen kleinern Pfand- oder Realisations Briefen.
3) Die Ausfertigungs-Gebühren vor die Pfandbriefe überhaupt.
4) Den Nutzen von denen gegen geringere pro Cent negocirten auswärtigen Darlehnen.
5) Das Surplus derer von den realisirten kleinern Pfandbriefen erhobenen Interessen, nach Abzug der Etats mäßigen Ausgaben.

§. 4.

Wem dieselben gehören. Die erstern 4 Fonds hat eine jede Fürstenthums-Landschaft vor sich, der 5te aber gehöret dem Universo der gesammten Schlesischen Landschaft.

§. 5.

Von dem Quittungs Groschen und Der Quittungs-Groschen wird von dem General-Landtage nach Beschaffenheit der Bedürfniße eines jeden Fürstenthums, und der Summe derer daselbst ausgefertigten Pfandbriefe, und derer mithin eingehenden Interessen bestimmt.

§. 6.

dessen Einzahlung. Die Debitores müßen solchen zu gleicher Zeit wenn sie ihre Intressen in die Fürstenthums-Casse abführen, entrichten.

§. 7.

Wer davon eximirt ist. Es sind von selbigen allein eximirt
1) die eignen entweder in Vorrath ausgefertigte oder von dem Debitore selbst abgelöste Pfandbriefe, so lange er solche in seinen Händen hat, und sie also nicht circuliren; folglich auch keine Interessen davon bezahlet werden.
2) Die kleinen oder Realisations-Briefe, weil von diesen ohnehin 6 pro Cent bezahlt werden.

§. 8.

Von dem 6ten Procent. Dieses 6te pro Cent als der zweyte Fond wird zugleich mit denen übrigen Interessen in die Fürstenthums-Casse entrichtet, und in den dießfälligen Rechnungen als an die Landschaft bezahlt aufgeführt.

§. 9.

Von den Ausfertigungs-Gebühren. Die Ausfertigungs-Gebühren bestimmen sich gleichfalls nach den verschiednen Systemen, und müßen von denen Debitoribus, wenn sie ihre Pfandbriefe extradirt erhalten, oder solche an die Creditores extradiren laßen, an den Directorem abgeführt werden.

§. 10.

Von Administration dieser Fonds. Da also sämmtliche landschaftliche Revenües, (die Expeditions-Gebühren allein ausgenommen,) bey noch versammelten Fürstenthums-Tage eingehen, so müßen solche auch von dem gesammten Collegio eingenommen werden; der Director übergiebet beym Schluß der Versammlung, eine Consignation derer bis zum nächsten Termin erforderlichen Kosten; wozu besonders die Diæten derer Landes-Eltesten nach deren von dem festzusetzenden Liquidationen gehören. Das Collegium assignirt ihm darauf die vor diesesmal eingehenden Expeditions-Gebühren, deren Betrag es aus dem Protocoll worinn die Ausfertigungen resolvirt worden, genau wißen kan, und supplirt das noch fehlende aus denen übrigen eingegangenen Revenües. Der Uberrest derselben aber wird ad Depositum genommen, und bis zum folgenden Fürstenthums-Convent verwahret; so daß niemand als das gesammte Collegium darüber zu disponiren vermögend ist.

§. 11.

Von Führung der Rechnungen, Die Rechnung wird von dem Syndico geführt, und muß halbjährig bey jedesmaliger Fürstenthums-Versammlung dem Collegio vorgelegt, und durch eine Commission aus dem Mittel deßelben abgenommen werden.

§. 12.

wie solche zu revidiren Die Einnahme dabey ergibt sich ratione des Quittungs-Groschen und des 6ten pro Cents aus den Interessen-Rechnungen, ratione der Ausfertigungs-Gebühren, aus dem bey dem dießfälligen Convent aufgenommenen Protocoll, und der Profit von den auswärtigen Darlehnen ist obgedachtermaßen

fixirt

fixirt. Die Ausgabe hingegen muß durch die erforderlichen Beläge justificirt werden.

§. 13.

Beym Schluße eines jeden Jahres sind die Rechnungen an die Haupt-Landschafts-Commission zur Super-Revision einzusenden. *und an die Haupt-Landschafts-Commission einzusenden.*

§. 14.

Die verbleibenden Bestände sind sobiel möglich in Pfand- und besonders Realisations-Briefe zu verwandeln, womit sie solchergestalt fructificirt, und zugleich in vorkommenden Fällen Gebrauch davon gemacht werden könne. *VonEmployirung der Bestände.*

§. 15.

Obgleich jede Fürstenthums-Landschaft ihre besondere Casse hat, worüber ihr das Eigenthum allein zustehet, so ist sie doch schuldig, eine andre die dessen bedarf, in so fern solches ohne ihren eignen Nachtheil geschehen kan, mit Vorschüßen zu secundiren, welche ihr hiernächst mit Interessen zurück gezahlet werden müßen. *Die Cassen müssen einander soutiniren.*

§. 16.

Der aus denen Interessen der Realisations-Casse erwachsende Fond, ist der gesammten Schlesischen Landschaft gemein, und stehet unter der Verwaltung der Haupt-Landschafts-Commission, welche daraus zuförderst die Salaria ihrer Mit-Glieder und Subalternen bestreitet, den Ueberrest aber vornehmlich zu Supplirung derer ausbleibenden Interessen, wozu die Fürstenthums-Collegia nicht haben Rath schaffen können, verwendet. *Von dem Profit des Realisations-Fond, und*

§. 17.

Die Rechnungen welche sie darüber führet, müssen von dem jährlichen Ausschuß revidirt und abgenommen werden. *denen darüber zu führenden Rechnungen.*

Cap. X.

Von denen landschaftlichen Depositis und deren Administration.

§. 1.

Es sind verschiedne Fälle möglich und auch in gegenwärtigem Reglement zum Theil bereits angeführt worden, wo sowohl baare Gelder als Pfandbriefe ad Depositum der Landschaft kommen können. *In das Depositum der Landschaft können kommen*

§. 2.

Zu den Fällen von der letztern Art gehöret
1) Wenn jemand sich Pfandbriefe im Vorrath ausfertigen laßen, solche aber noch nicht ins Publicum zu Cours bringen, und auch bey den Interessen-Zahlungen nicht erst præsentiren will. (P. III. Cap. I.) *Pfandbriefe und*
2) Wenn das Eigenthum eines Pfandbriefs strittig ist, oder derselbe vor unächt und nachgemacht ausgegeben wird. (P. III. Cap. IV.)
3) Wenn Capitals Pfandbriefe aufgekündigt, und bis zu erfolgender Bezahlung ad Depositum gegeben werden. (P. III. Cap. VII.)
4) Wenn die Landschaft einen Theil ihres eigenthümlichen Fond in Pfandbriefe verwandelt hat. (P. III. Cap IX.)

§. 3.

Baare Gelder hingegen können ad Depositum der Landschaft kommen, *baare Gelder.*
1) Wenn die Interessen eines litigieusen Pfandbriefs von der Landschaft eingenommen, und bis zu Austrag der Sache verwahret werden. (P. III. Cap. IV.)
2) Wenn ein Theil des eigenthümlichen Fond der Landschaft in Pfandbriefe nicht hat umgesetzt werden können; folglich baar aservirt werden muß.

§. 4.

Zu Respicirung dieses Depositi, ernennt das Fürstenthums-Collegium aus seinem Mittel zwey Depositarios, welches aber nicht eben diejenigen seyn dürffen, welche die Interessen-Casse zu respiciren haben. Der Syndicus führet dabey das Protocoll und die Rechnungen. *Wer das Depositum zu respiciren hat.*

§. 5.

§. 5.

Wie solches verwahrt werde.
Die Gelder und Pfandbriefe werden in einem eisernen oder mit Eisen beschlagnen Schranken oder Kasten mit 3 Schlößern verwahrt, welcher in dem Cassen-Gewölbe steht, und wozu die beyden Depositarii zwey, der Syndicus aber den 3ten Schlüßel führt.

§. 6.

Von dem Modo procedendi bey der Deposition,
Wenn nun etwas ad Depositum der Landschaft gebracht, oder aus selbigem herausgegeben werden soll, so muß davon allemahl bey dem versammelten Collegio entweder schriftlich oder ad Protocollum Anzeige gemacht werden.

§. 7.

Von den Anschaffungen, und
Das Collegium, wenn es gegen den Antrag nichts zu erinnern findet, ertheilt denen Depositariis eine specifique Anschaffung zu der verlangten Einnahme oder Herausgebung.

§. 8.

wer dieselben ausfertigt.
Da der Syndicus selbst mit Depositarius ist, so müssen alle dergleichen Anschaffungen von dem Directore eigenhändig expedirt, und von sämtlichen Membris Collegii, welche nicht Depositarii sind, unterschrieben werden.

§. 9.

Von dem Anschaffungsbuche.
Dergleichen Anschaffungen sind von dem Directore in das zu haltende Anschaffungs-Buch einzutragen.

§. 10.

Von der Einnahme selbst.
Die Depositarii welche ohne dergleichen Anschaffungen nichts annehmen noch herausgeben können, müßen die Vorschriften derselben auf das genaueste beobachten, und denen Deponenten über den Empfang ordentliche Deposital-Scheine geben, über die Auszahlungen aber sich von denen Empfängern Quittungen ertheilen laßen.

§. 11.

Von dem Deposital-Protocoll
Ueber das Depositorium wird ein Haupt-Protocoll, und außer demselben specifique Rechnungen über jede besondre Masse geführt.

§. 12.

In dem Protocoll sind die Einnahmen und Ausgaben nach der Zeit-Ordnung, wie sie hinter einander folgen, zu vermerken.

§. 13.

und Rechnungen,
In den Rechnungen aber sind die der Landschaft eigenthümliche Deposita von denen fremden zu unterscheiden, und letztere nach den verschiednen Gütern von einander zu separiren.

und deren Beldgen.
Die Anschaffung zur Einnahme sowohl als zur Ausgabe vertreten nebst den Quittungen der Empfänger, die Stelle der Rechnungs-Beldge.

§. 14.

Von Abnahme dieser Rechnungen.
Beym Schluß eines jeden Fürstenthums-Tages werden diese Deposital-Rechnungen von dem Directore und einem Deputato Collegii abgenommen, die Bestände revidirt, und nach richtigem Befund denen Depositariis ihre Decharge von dem Collegio ertheilt.

§. 15.

Von Vertretung des Depositi.
Es verstehet sich von selbst, daß die Depositarii die ihnen anvertraute Deposita vertreten und vor allen dabey sich ereignenden Defect der Landschaft und respective denen Deponenten responsable seyn müßen.

Breßlau den 9ten Julii 1770.

von Carmer,
qua Commissarius Regius.

Fürstenthümer Schweidnitz und Jauer.

H. S. von Czettritz und Neuhaus.
H. L Freyherr von Schweinitz.
S. Freyherr von Richthofen.

Fürstenthum Glogau.

M. A. Freyherr von Dyhern.
G. O. W. von Czettritz und Neuhaus.
C. Graf von Logau und Altendorf.
M. A. von Stentzsch.

Fürstenthümer Oppeln und Rattibor.

C. G. von Larisch.
G. H. von Tschirschky.
F. Freyherr von Stechow.

Fürstenthum Breßlau.

F. A. M. Freyherr von Riedel.
L. W. von Langenau.

Fürstenthum Liegnitz.

H. F. W. von Niefisch.
L. C. von Rothkirch.
F. von Redern.

Fürstenthum Brieg.

F. C. von Görne.
H. F. von Wentzky.
J. H. von Netz.
G. C. von Salisch.

Fürstenthum Wohlau.

C. F. von Mützschefahl.
S. Freyherr von Nostiz.

Grafschaft Glatz.

Freyherr von Hemm.
J. W. von Haugwitz.
J. G. von Bachstein.

Bißthum Obern und Niedern Creyßes.

A. von Rothkirch.
J. C. von Frobel.
P. von Maubeuge.
F. von Nerlich.
H. R. von Seydlitz.
J. S. von Langenickel.

Fürstenthum Oels.

C. W. von Korckwitz.
L. C. von Randow.
G. von Siegroth.
F. von Strachwitz.

Antheil Troppau und Jägerndorf.

G. H. von Tschirschky.

Fürstenthum Sagan.

H. F. von Haugwitz.

Fürstenthum Münsterberg.

Freyherr von Seherr-Thoß.
C. S. von Goldfuß.
H. G. von Thielau.

Fürstenthum Trachenberg.

C. W. von Scheliha.

Fürstenthum Beuthen-Carolath.

Absens.

Nieder-Schlesische Freye Standes-Herrschaften und Status minores.

J. G. von Poser.
S. W. von Koschembar.
F. G. von Dobrzykowsky.
H. C. von Kalckreuth.

Ober-Schlesische Freye Standes-Herrschaften.

F. Freyherr von Stechow.

Wobey Uns denn obbemeldte Unsre getreue Stände Unsers Souverainen Herzogthums Schlesiens und der Grafschaft Glatz allerunterthänigst gebeten haben: daß Wir geruhen möchten, sothanes Landschafts-Reglement Allerhöchst Landesherrlich zu confirmiren und zu bestätigen; Wir auch solchen ihren devotesten Gesuch in Gnaden zu deferiren und Platz zu geben befunden;

Als confirmiren und bestätigen Wir aus Königl. Oberst-Landesherrlicher und Souverainen Macht und Vollkommenheit, hiermit und in Kraft dieses, vorerwehntes von Unsern Schlesischen und Glätzischen Ständen entworfenes und vollzogenes Landschafts-Reglement, nach seinem ganzen Innhalt in allen seinen Punkten und Clauseln, so wie solches oben von Wort zu Wort inseriret worden; setzen, ordnen und wollen, daß selbiges nun und zu ewigen Zeiten, als ein vor die Schlesische Landschaft und alle derselben Interessenten vollgültiges und verbindliches Gesetz fest und unverbrüchlich gehalten, und von niemanden wer der auch sey, angefochten, oder demselben zuwider gehandelt werden solle; jedoch uns und Unsern Landesherrlichen Regalien und Gerechtsamen, auch sonst jedermänniglich an seinen wohlgegründeten und wohlhergebrachten Juribus ohnbeschadet. Geloben und versprechen zugleich aus Königl. Gnade und eignem Wohlgefallen vor Uns und Unsere Nachfolger, Unsre getreue Schlesische Landschaft, bey denen von Uns ihr allergnädigst ertheilten Rechten und Privilegiis, und ihrer im gegenwärtigen Reglement enthaltenen Verfaßung nachdrücklichst zu schützen, und insbesondere den von Uns ihr allergnädigst accordirten Realisations-Fond, gegen deßen zum Unterhalt armer adlichen Wittwen und Waysen bestimmte Verzinsung à 2 pro Cent, zu ewigen Zeiten zu überlaßen, auch nach dem in Gemäßheit des §. 1. Cap. I. P. II. dieses Reglements an Uns ergangenen alleruntertänigsten Antrags, den von Uns allerhöchst zu ernennenden General-Landschafts-Præsidenten, jedesmal aus Unserem in Schlesien würklich possessionirten Adel zu bestellen und anzuordnen.

Wir befehlen und gebieten solchennach allen und jeden Unsern Unterthanen, wes Standes, Amts, Würden und Wesens sie seyn, insbesondre aber Unsern Schlesischen Ober-Amts- und dasigen Mediat-Regierungen, und sonst jedermänniglich, daß sie mehr erwehnte Unsere getreue Stände Unsers Herzogthums Schlesien und Grafschaft Glatz, bey diesem ihren von Uns allergnädigst bestätigten Landschafts-Reglement jetzt und zu ewigen Zeiten erhalten, und ihnen darum keine Verhinderung oder Eintrag selbst thun, noch daß solches von andern geschehe, gestatten, vielmehr nach demjenigen, was daselbst in Ansehung ihrer mit der Landschaft habenden Beziehungen, in Conformitæt Eingangs erwehnter Unsrer allerhöchsten Cabinets-Ordre festgesetzt und näher bestimmt worden, sich auch ihres Orts gebührend achten sollen.

Des zu Urkund haben Wir gegenwärtige Confirmation höchst eigenhändig unterzeichnet und mit Unsrem Königlichen Innsiegel versehen laßen; So geschehen und gegeben Potsdam den 15 Julii 1770.

 Friderich.

v. Carmer.

SCHEMA
des Landschafts-Registers.

No.			Da	
	Titulus posfesfionis. Nomen posfesforis. Pretium.	Quantum Taxa.		m o

N. N. Creyßes.

Ausgefertigte Pfandbriefe.	Bezahlte und casſirte Pfandbriefe.

GENERAL-
DETAXATIONS-
PRINCIPIA

der

Schlesischen Landschaft.

Veritate et Justitia.

§. 1.

Wenn ein Gutt abgeschätzt werden soll, so müßen Taxatores zuförderst eine Beschreibung deſſelben nach ſeiner Lage, Gräntzen, und andern dabey etwa vorkommenden beſondern Umſtänden, welche in die Vermehr- oder Verminderung ſeines Werths einen Einfluß haben können, z. E. ob es Ueberſchwemmungen exponirt ſey, und dergleichen, voraus ſchicken.

§. 2.

Sodann müſſen die Wohn- und Wirthſchafts-Gebäude in Augenſchein genommen, und gleichergeſtalt nach ihrer Lage, nach ihrer Bau-Art (ob ſie nehmlich masſiv oder nicht) nach ihrer Beſchaffenheit, (ob ſie ſich nehmlich gantz oder zum Theil in guttem oder ſchlechtem Stande befinden) wie auch nach andern dabey etwa vorkommenden Umſtänden beſchrieben werden.

§. 3.

Hierauf wendet man ſich zu den Speciellen Rubriquen unter welchen zuförderſt die vom Acker-Bau und Säewerck vorgenommen wird.

Tit. I.
Ackerbau und Säewerck.

§. 4.

Hier wird gleichergeſtallt generaliter die Beſchaffenheit der Felder nach ihrer innern Qualität und zeitherigen Bewirthſchaftung (ob ſie z. E. gehörig im Dünger gehalten ſind oder nicht,) unterſucht und beſchrieben.

§. 5.

Sodann gehet man ad Specialia, und zwar zuförderſt auf das eigentliche Getrayde, nehmlich Weitzen, Korn, Gerſte und Haber.

§. 6.

Die Außſaat dabey muß regulariter durch mehr- und wenigſtens 4. jährige, oder wo die Aecker in 4. Felder eingetheilet ſind, durch achtjährige Saat-Regiſter und Rech-Stöcke eruirt werden, welche man mit den Außſagen der Sä- und anderer alten Leute zuſammen hält, auch allenfalls durch den Producenten ſelbſt eydlich beſtärcken läßt.

§. 7.

§. 7.

In Ermangelung dieser Hülfs-Mittel muß man zur Ausmeßung mit Stangen oder zur Ausschreitung seine Zuflucht nehmen, welche entweder durch die im Creiße vorhandenen geschwornen Creiß-Taxatores, oder durch Drey benachbahrte Gerichte, die ad hunc actum besonders vereydet werden müßen, geschiehet; und wird ein jedes Systema wohlthun, wenn es in denjenigen Creyßen wo dergleichen noch ermangeln, erfahrne und vernünftige Land-Wirthe in verschiedenen Gegenden als Creyß-Taxatores in solchen Fällen annimmt und vereydet.

§. 8.

Ratione des Körner-Ertrags wird das gegenwärtige Catastrum zum Grunde gelegt, dergestallt daß solches regulariter nicht überschritten werden kann.

§. 9.

Wenn jedoch ein Besitzer nachweißt, daß er zwar wegen der eingeführten dünnen Saat weniger ausfäe als das gegenwärtige Catastrum besagt, dagegen aber auch eben um deßwillen einen höhern Körner-Ertrag habe, so wird alsdann das Catastrum beydes bey Bestimmung der Aussaat und des Körner-Ertrags zum Grunde genommen.

§. 10.

Inzwischen müßen Taxatores es solchen Falls nicht schlechterdings bey dem bewenden laßen, was das Catastrum angiebt; sondern es muß solches sorgfältig mit den Wirthschafts-Rechnungen, wenn dergleichen vorhanden conferirt, oder in deren Ermangelung der würckliche Ausdrusch aliunde als etwa durch eydliche Vernehmung des Gesindes, der Unterthanen ꝛc. so gut als möglich eruirt werden.

§. 11.

Findet sich bey Gegeneinanderhaltung des würcklichen und des catastrirten Ausdrusches daß ersterer geringer sey als letzterer so muß man von dem Catastro gäntzlich abgehen, und die Aussaat nach dem gegenwärtigen Befund, den Körner-Ertrag aber nach einer 6jährigen Fraction annehmen, wobey immer das Principium bleibt, daß das Catastrum im Gantzen nicht überstiegen werden kann.

§. 12.

Da endlich auch Fälle möglich sind wo die innre Qualitæt des Bodens selbst durch eine anhaltende gutte Bewirthschaftung verbeßert und also der Körner-Ertrag auf eine wesentliche, beständig fortdaurende und nicht bloß temporelle Art erhöht worden, so kan in solchen Fällen, wenn jemand durch sechsjährige Rechnungen nachweißt daß er in dieser oder jener Getrayde-Sorte, so und so viel Korn mehr über das Catastrum erbaut habe, ihm alsdenn die Helfte dieses das gegenwärtige Catastrum übersteigenden Ertrags angeschlagen werden.

§. 13.

Inzwischen wird dieses nicht als die Regel oder als ein schlechterdings nothwendiges Principium festgesetzt, sondern einem jeden System frey gelaßen, unter sich zu bestimmen: Ob und in wie fern es von diesem Grund-Satze Gebrauch machen, oder simpliciter bey dem Catastro stehen bleiben wolle.

§. 14.

Hat jemand durch Austrocknung von Sümpffen, Rodung von Wäldern ꝛc. seit der Aufnehmung des Catastri würckliches neues Land gemacht, so wird solches besonders angeschlagen, und die Aussaat nach dem effektiven Befund, der Körner-Ertrag aber nach dem Catastral-Anschlag

Anschlag der übrigen Felder gerechnet; es wäre denn, daß eine sehr mercksiche Differentz des Bodens vorwaltete, wo man alsdann gleichergestalt zu 6jährigen Rechnungen recurriren müßte.

§. 15.

Jedoch muß bey dergleichen Vermehrung der Aussaat genau ermeßen werden: ob dadurch nicht andre Rubriquen einen Ausfall erleiden, folglich es beßer sey, das sogenannte neue Land wiederum als Huttungen oder Wiesewachs zu nutzen, oder auch Holtz darauf wachsen zu laßen.

§. 16.

Von dem solchergestalt eruirten Ausdrusch müßen abgezogen werden,

1) Die Aussaat, und zwar hoc loco jedes mahl, und ohne allen Unterschied der Fälle, nach dem effectiven Befund.
2) Weil Mandel und Hebe bey dem Cataſtro bereits abgezogen sind, so kommen solche hier nicht in Decourt.
  Wenn jedoch in dem Fall des §. 12. über den Cataſtral-Ertrag gegangen worden, so versteht es sich von selbst, daß bey dem zu dem Ende edirten Rechnungs-Ausweiß Mandel und Hebe abgezogen werden müßen.
3) Die Bröderey, welche entweder aus den Speise-Registern, Wirthschafts-Rechnungen, Urbario oder durch Vernehmung des Gesindes und der Wirthschafts-Bedienten eruirt wird.
4) Die zu entrichtende Deputate, derer vorhandenen würcklichen Wirthschafts-Bedienten, Scherf-Getrayde, Decem. Malbraten, Hertzogs-Getrayde, u. d. g.
5) Das zu andern Wirthschafts-Nothdurften z. E. zu Unterhaltung der Pferde etwa erforderliche Getrayde, nach dem würcklichen Befund.

§. 17.

Nach Abzug deßen ergiebt sich das zum Verkauf bleibende Quantum, welchem sodann das Zinß-Getrayde der Unterthanen z. E. Mühlen-Zinß u. d. g. mit beyzurechnen.

§. 18.

Ratione der Preiße kommt es auf die Bestimmungen an, welche jeder Creyß nach seiner Lage und besondern Verhältnüßen mit Approbation des Fürstenthums-Collegii adoptirt hat. Indeß wird hiermit festgesetzt, daß Weißer Weitzen nicht über 52 sgr.

	nicht unter 30 · ·
Gelber Waytzen	nicht über 46 · ·
	nicht unter 30 · ·
Korn	nicht über 32 · ·
	nicht unter 24 · ·
Gerste	nicht über 26 · ·
	nicht unter 16 · ·
Haaber	nicht über 18 · ·
	nicht unter 12 · ·

angeschlagen werden soll.

Wo aber die Bauern den sämmtlichen Zuwachs gratis aus dem Lande ins Gebürge zu verführen schuldig sind, kan der Anschlag bey dem Korn bis 36 sgr. bey der Gerste bis 1 Rthlr. und bey dem Haaber bis 20 sgr. erhöht werden.

Auch kan bey dem Gebürgs-Haaber, weil derselbe von besonders gutter Qualität zu seyn pfleget, bis 20 sgr. gegangen werden.

§. 19.

§. 19.

Anlangend die Sommer-Früchte, so muß
1) Bey den Erbsen die Aussaat durch mehrjährige Fraction eruirt und der Ertrag so wie der Preiß dem Roggen und bewandten Umständen nach, dem Weitzen gleich gerechnet werden, welche letztere Bestimmung denen Fürstenthums-Collegiis jedem vor sein System näher festzusetzen überlaßen wird.

§. 20.

2) Hirsen wird die Metze Aussaat in der Nutzung einen Scheffel Korn gleich gerechnet. Wenn er ins Sommer-Feld gesäet wird, und folglich von der Sommer-Saat, abgezogen werden muß, so wird auf die Metze Hirsen so viel Platz als zu ⅔ Gersten angeschlagen.

§. 21.

3) Heyde-Korn rechnet man zwey Viertel Aussaat vor einen Scheffel Haaber.

§. 22.

4) Kraut, Rüben, Tartoffeln und Hanff werden nach einem 6jährigen Durchschnitt, und in Ermangelung der Rechnungen, durch eydliche Abhörung der Wirthschafts-Bedienten durch mehrere Jahre, so gutt als möglich eruirt.

§. 23.

5) An Lein wird die Aussaat gleichergestallt durch eine 6jährige Fraction bestimmt. Reiner Nutzung kan der Scheffel nicht unter 8. und nicht über 20. Rthlr. gerechnet werden. Wo er ins Sommer-Feld gesäet wird, ist der darzu erforderliche Platz von der Sommer-Saat abzuziehen. Wieviel Acker aber zu einem Scheffel Lein-Saamen erfordert werde, solches ist wegen der differenten Erd-Art einem jeden System vor sich festzusetzen überlaßen worden.

§. 24.

6. Das Stoppel-Korn wird regulariter zur ordinairen Winter-Aussaat gerechnet, und verstehet es sich von selbst, daß bey einer Eintheilung in drey Felder, das Sommerfeld dadurch einen proportionirten Abgang erleide.

§. 25.

Nach solchergestallt eruirten Erträge des Beetes wird sodann ferner zu Untersuchung der Vieh-Zucht geschritten.

Tit. II. Viehzucht.

§. 26.

1) Bey dem Rind-Vieh wird an Stücken soviel angeschlagen als seit mehrern Jahren gewöhnlich gehalten worden. Die Nutzung bestimmt sich entweder nach denen in loco oder in der Gegend gewöhnlichen Pächten, wobey jedoch solche Dörffer, wo die Qualität der Futterung und die Gelegenheit der Anwehr sich mit dem zu detaxirenden Gutte egalisiren, angenommen werden müßen.

In Ermangelung der Pächte kan die Kuh nach Unterschied der Gegenden nicht unter 3. Rthlr. und nicht über 10. Rthlr. angenommen werden.

§. 27.

Drey Stück anwachsenden Gelde-Viehs, werden vor eine Nutzbahre Kuh gerechnet.

§. 28.

An Pflug-Kühen rechnet man auf 6. bis 10. Gesinde eine Kuh, welches die verschiednen Fürstenthümer unter sich näher festsetzen müßen. In Gegenden wo das Gesinde keine Milch-Spritze bekommt, können auch keine Pflug-Kühe decourtirt werden.

§. 29.

§. 29.

Nutz-Schweine werden nach eben denen Principiis wie die Kühe, nehmlich nach den Pächten und in deren Ermangelung nicht unter 3. und nicht über 10. Rthlr. gerechnet; übrigens aber deren soviel angeschlagen, als erweißlich durch mehrere Jahre gehalten worden.

§. 30.

An Schafen wird die Anzahl nach derjenigen bestimmt, welche seit mehrern Jahren erweißlich eingewintert worden. Das Stück kan nach Abzug aller und jeder Onerum und Ausgaben in reiner Nutzung nicht über 24. sgr. und nicht unter 12. sgr. angeschlagen werden.

§. 31.

Drey Ziegen auf dem platten Lande, und im Gebürge zwey, werden vor eine nutzbahre Kuh gerechnet.

§. 32.

An Feder-Vieh-Nutzung rechnet man auf jedes Malter Winter-Aussaat 15-20. sgr.

§. 33.

Die Obst- und Weinbergs-Nutzung, muß durch 6jährige Rechnungen oder mehrjährige Pächte in so fern dergleichen vorhanden eruirt, in deren Ermangelung aber durch Obstverständige Leute aus der Nachbarschaft arbitirt werden: wieviel das Garten und Feld-Obst nach der Anzahl und Qualität der Bäume in mittlern Jahren bringen kann; wovon alsdann die Helfte zum Nutzungs-Ertrag angenommen wird.

Tit. III. Obst-Gärten und Weinberge.

§. 34.

Die Nutzung der Hopfen-Gärten wird nach gleichmäßigen Principiis determiniret.

Tit. IV. Hopfen-Garten.

§. 35.

Wiesewachs wird regulariter nicht angeschlagen, es wäre denn daß der Besitzer bey complettem Vieh-Stande einen würcklichen Verkauf specifice nachwiese. Dieser wird nach einem 6jährigen Durchschnitt in Anschlag genommen; in Ermangelung der Rechnungen aber muß der Besitzer aliunde nachweisen, wieviel Heu er jährlich gewinne; Worauf Taxatores arbitriren: wieviel zur Unterhaltung des Vieh-Standes erfordert werde; und wieviel folglich zum Verkauf übrig bleibe; wovon der Centner zu 6. bis 10. sgr. angeschlagen wird.

Tit. V. Wiesewachs.

§. 36.

Bey der Forst-Nutzung ist ratione des lebendigen Holzes zu untersuchen, ob solcher ordentlich in Haue eingetheilt sey und alsdenn der Verkauf eines jeden Jahres durch 6jährige Fraction zu eruiren, in Ermangelung der Rechnungen aber à Taxatoribus zu arbitriren.

Wo der Weidicht genutzt wird, muß die Nutzung ebenfalls nach 6jährigen Rechnungen eruirt werden.

Tit. VI. Forst-Nutzung.

§. 37.

Es versteht sich von selbst, daß die eigne Herrschaftliche Consumtion als zum Verkauf mit angeschlagen, die Wirthschafts-Nothdurften aber abgezogen werden müßen, und rechnet man zu dem Ende auf eine Gesinde-Stube zu heitzen, wo das gantze Jahr hindurch warmes Waßer vor das Rind-Vieh erfordert wird 25. Schock Reißig zu $\frac{3}{4}$ bis $\frac{7}{8}$ lang. Wo aber vor das Rind-Vieh über Sommer nicht gebrüht wird 15 Schock. Ein Malter zu backen nach Beschaffenheit des Offens $\frac{1}{2}$-$\frac{3}{4}$ Claffter. Sechs Mandeln Reißig werden auf eine Claffter Holtz gerechnet.

Das Brau-Holtz wird bey dem Brau-Urbar in Abzug gebracht.

§. 38.

Wenn hingegen ein Hoher Wald taxirt werden soll, so muß zuförderst aus den Forst-Rechnungen eruirt werden; wieviel Holtz nach

einer

einer 6. oder 9jährigen Fraction, jedoch unter Weglassung aller extraordinairen Fälle, jährlich debitirt werden könne.

§. 39.

Dieser Debit ist alsdenn gegen die à Taxatoribus in Augenschein zu nehmende Beschaffenheit und Größe des Waldes zu balanciren, und ohngefähr zu überschlagen: Ob auch dieser Debit mit der Conservation des Waldes bestehen könne, oder ob er in Proportion gegen den Holtz-Vorrath, übertrieben und unwirthschaftlich sey.

§. 40.

Bey großen Forsten, wo es gantz offenbahr in die Augen fällt, daß so viel und wohl noch mehr Holtz vorhanden sey, als nach Proportion debitirt worden, hat es dabey sein Bewenden, und wird das Fractions-Quantum simpliciter in Anschlag genommen.

§. 41.

Wann hingegen die Frage entstehet: Ob auch der Wald salva substantia, so viel fourniren könne als bißher debitiret worden, so ist alsdenn erst deßen nähere Untersuchung nöthig.

§. 42.

Hierzu sind dreyerley Wege vorhanden, unter welchen dem Extrahenten der Taxe die Wahl gelaßen werden kan.

§. 43.

Der erste Modus welcher zugleich der kürtzeste und wohlfeilste ist, bestehet darinn, daß drey benachbarte und vereydete von denen Commissariis zu ernennende Forst-Bediente, den Wald in seinem Umfang so wohl, als nach der Länge und Breite in verschiednen Gegenden durchgehen, sich von der Qualitæt des Bodens, denen Gattungen und Gewächse des darinn befindlichen Holtzes informiren, einen ohngefähren Ueberschlag von der Anzahl deßelben machen, und alsdenn arbitriren: wieviel Holtz nach einer 120jährigen Eintheilung salva substantia des Waldes jährlich aus demselben genommen werden könne.

§. 44.

Weilen aber dieser Modus taxandi an sich nicht sehr zuverläßig ist, so erfordert die Sicherheit der Landschaft, daß von den dreyen solchergestallt gemachten Anschlägen, welche von jedem Taxatore besonders angegeben werden müßen, allemahl nur der niedrigste zum Grunde zu nehmen sey.

§. 45.

Der Geld-Anschlag des Holtzes bestimmt sich generaliter nach denen in dasiger Gegend gewöhnlichen Preißen.

§. 46.

Wenn ein Besitzer bey diesem ersten Modo taxandi nicht acquiesciren will, sondern eine genauere Bestimmung verlangt, so stehet ihm frey auf die geometrische Vermessung des Waldes zu provociren. Bey dieser wird der Wald in seinem völligen Umfang nach Quadrat Ruthen ausgemessen, und in 120 Theile oder Stallungen eingetheilt.

§. 47.

Hoc facto wird eine von diesen Stallungen, welche nach dem Arbitrio Taxatorum ratione der Menge und Qualitæt der Bäume von mittlerer Gütte zu seyn scheinet, durchgegangen, die Bäume darinn nach ihren verschiednen Arten gezählt, und ein Ueberschlag des darinn befindlichen Holtzes nach Claftern gemacht, welcher als der 120te Theil zur jährlichen Nutzung angeschlagen wird.

§. 48.

§. 48.

Wenn endlich jemand seinen Wald auf die möglichst genaue Art taxirt haben und die Kosten daran wagen will, so stehet ihm frey auf ten Beckmannischen Modum taxandi, welcher in seiner Anweisung zu Forst-Wirthschaft P. II. c. 2. enthalten ist (doch NB. auf diejenige Art, wo der Wald nur als Brennholtz angeschlagen wird) zu provociren.

§. 49.

Nach dieser wird der Wald in gewiße Reviere eingetheilt, deren jedes Schritt vor Schritt durchgegangen alle Bäume nach ihren verschiednen Gattungen auf die loco citato näher beschriebene Art gezählt, zugleich aber auch auf die Qualität des Bodens und das Gewächse des Holtzes reflectirt.

§. 50.

Ist solchergestallt die Anzahl aller im Walde befindlichen Bäume nach ihren verschiednen Sorten aufs genaueste eruirt, so müßen solche alsdann nach ihrer Qualität insgesammt zu Claftern gerechnet werden, wie die l. c. befindliche Tabelle des mehrern an die Hand giebt.

§. 51.

Die auf solche Art eruirte Clafter-Zahl wird mit 70. dividirt und also festgesetzt: Wieviel Claftern jährlich salva Substantia des Waldes aus demselben genommen werden können.

§. 52.

Ist nun dieses Quantum dem durch die Rechnungen nachgewiesenen würcklichen Debit proportionirt, so kan solches mit Zuverläßigkeit zum Anschlag genommen werden.

§. 53.

Es ist zur Sicherheit der Landschaft nothwendig, daß der Wald von dem Besitzer nach der von ihr angenommenen Proportion benutzt, und jährlich nicht mehr als sie festgesetzt hat, geholtzt werde.

§. 54.

Wenn die Abschätzung auf die zweyte Art nach Stallungen geschehen, so fällt leicht in die Augen, ob diese Stallungen beobachtet worden oder nicht, und ist alsdenn genung, wenn nur der Wald von denen Crepß-Eltesten nach Befinden zuweilen revidirt wird.

§. 55.

Nach der 2ten und 3ten Art zu taxiren hingegen kan die Sache nicht so leicht übersehen werden, und ist daher nöthig, daß über einen dergleichen Wald ordentliche Rechnungen von einem darauf besonders vereydeten Förster geführt, und diese Rechnungen der Landschaft, wenn sie es verlangt, zur Revision vorgelegt werden.

§. 56.

Windbrüche werden dem Besitzer auf seine jährliche Holtz-Nutzung mit angerechnet, und wenn solche etwa in einem Jahre das festgesetzte Quantum übersteigen, so muß der Wald in den folgenden nach Proportion hinwiederum destomehr geschont werden.

§. 57.

Wenn auch ein Besitzer, in ein oder andern besondern Falle, z. E. wenn in der Nachbarschaft eine Stadt abgebrandt ist, wenn er Gelegenheit findet eine gewisse Quantität Stab-Holtz im Gantzen in auswärtige

wärtige See-Plätze zu verkauffen, u. d. g. ein höheres Quantum als seinen jährlichen Anschlag auf einmal zu debitiren, seinem Vortheil gemäß erachtet, so kan er solches nicht eigenmächtig thun, sondern er muß dergleichen extraordinaire Fälle der Landschaft anzeigen, welche ihm zwar seinen Profit dabey zu suchen nicht hinderlich fallen, dabey aber bestimmen wird, wie lange und in welcher Verhältniß er seinen Wald in den folgenden Jahren zu schonen habe, um die Proportion des Gantzen, welche zu Conservirung des Waldes nothwendig ist, wieder herzustellen. Wenn aber ein Besitzer in den vorhergehenden Jahren weniger geschlagen hat, als ihm zu schlagen erlaubt ist, und er in der Folge einmal mehr Holtz, als das jährliche Quantum beträgt, hinweg nehmen will, so muß ihm alsdenn das in voriger Zeit ersparte Quantum zu gutte gerechnet werden.

§. 58.

Eine diesen Principiis zuwiederlauffende Devastation des Waldes ist bereits in dem Landschafts-Reglement unter die Ursachen, warum ein Gut von der Landschaft sequestrirt, und der Besitzer wohl gar zum Verkauf desselben genöthigt werden könne, referirt worden; woraus die Obliegenheit derer Crayß-Eltesten, ein beständiges wachsames Auge darauf zu haben, von selbst folget.

§. 59.

Eichel-Mast wird nach einem 10jährigen Durchschnitt angeschlagen.

Tit. VII.
Jagd-Nutzung

§. 60.

Auf die Jagd-Nutzung wird an den Orten, wo Waldungen sind ¼, in deren Ermangelung aber ⅛. pro mille von dem Werthe des Guttes zum reinen Ertrag angeschlagen. Wo hohe Jagdten sind, kan auch eine 6jährige Fraction der würcklichen Nutzung angenommen werden.

Tit. VIII.
Teich-Nutzung

§. 61.

Ratione der Teich-Nutzung wird zufördertst ratione des Aussatzes festgesetzt daß

auf gutten Leimigen Boden in Dörffern und Feldern 1. Schock auf 1. Scheffel bis ½ Aussaat
in mittleren und etwas leichtern Boden 1. Schock auf ⅔ Aussaat
in schlechtem oder sandigen Boden 1. Schock auf 2. Scheffel.
Ratione der Wald-Teiche
in guttem Boden 1. Schock auf 2. Scheffel
in schlechtem Boden 1. Schock auf 3—4. Scheffel Aussaat
gerechnet, und der Scheffel zu 180 Quadrat Ruthen angenommen werden solle.

§. 62.

Streck- und Saamen-Teiche können nur in Dörffern und da wo sie Zufluß von Aeckern haben angelegt werden; und müssen gutten oder wenigstens Mittel-Boden haben.

§. 63.

Auf dem Flecke wo nach Beschaffenheit des Bodens 1. Schock Karpfen ausgesetzt werden könnte, rechnet man
    5. Schock zwey in dreyjähren
    10. Schock ein in zweyjährigen Saamen.

§. 64.

§. 64.

Ratione des Geld-Ertrags rechnet man an reiner Nutzung
Die Strich-Karpffe á   8 bis 12 sgr.
Das Schock über Sommer ausgesetzter 3jährige Zug-Karpfen   2 Rthr. bis 2 Rthr. 12 sgr.
Doch ist hiervon der Saamen bereits abgezogen, und wird wenn man solchen selbst erbaut, besonders als zum Verkauf angeschlagen.
Das Schock ein- in zweyjährigen Saamen wird gerechnet á   12 bis 15 sgr.
Das Schock zwey- in dreyjährigen Saamen á   24 bis 30 sgr.

§. 65.

Zuber-Fische werden nicht angeschlagen sondern auf die Reparatur des Teiches gerechnet.

§. 66.

Hingegen wird auch bey diesem Anschlag, auf den in andern besonders Cammer-Anschlägen gewöhnlichen Abgang nichts decourtirt.

§. 67.

Auf Rohr wird in Teichen nichts gerechnet, weil es das Wachsthum der Fische verhindert.

§. 68.

Dieser Anschlag wird immer beybehalten, ohne darauf zu sehen: ob der Teich beständig bewässert oder auch zuweilen besäet werde.

§. 69.

In denjenigen besonders Gebürgs-Gegenden, als in dem Fürstenthum Schweidnitz und Jauer und in der Grafschaft Glatz, wo die Teiche von keiner sonderlichen Importance sind, wird denen Besitzern nachgegeben, den Ertrag durch 6jährige Fraktion nachzuweisen.

§. 70.

Tit. IX.
Wilde Fischerey

Wilde Fischerey bestimmt sich entweder nach den Pächten oder nach 6jähriger Fraktion. Wo beyde Hülfs-Mittel ermangeln, ist es ein Zeichen, daß sie nicht von Importance sey, und wird also gar nichts darauf angeschlagen.

§. 71.

Winter-Fischerey auf Seen wird durch 9jährige Fraktion bestimmt.

§. 72.

Tit. X.
Schoben-Nutzung

Schoben-Nutzung außer den ordentlichen nach obigen Modo angeschlagenen Teichen, wird durch Rechnungen eruirt und das Schock á 1 Rthlr. 8 gr. : 1 Rthlr. 12 gr. angeschlagen.

§. 73.

Tit. XI.
Oder-Fähren

Oder-Fähren sind entweder verpachtet, oder es ist ihr Ertrag durch 6jährige Rechnungen zu eruiren; Wo alsdenn die Kosten der Fähre, die Unterhaltung der Fährleute u. d. g. abgezogen werden müßen.

§. 74.

Tit. XII.
Brau und Brandtwein-Urbar.

Brau und Brandtwein-Urbar wird nach den Pächten, wo dergleichen vorhanden, angeschlagen. In deren Ermangelung ist die Consumtion nachzuweisen und rechnet man alsdenn
Das Achtel Bier nicht unter 24 sgr.
           nicht über 30 - -
Den Eymer Brandtwein
           nicht unter 2 Rthlr. 16 sgr.
           nicht über 4 Rthlr.

§. 75.

General-Detaxations-Principia

Tit. XIII.
Jurisdictions-Gefälle.

§. 75.

Bey den Jurisdictions-Gefällen ist folgendermaßen zu verfahren:
1) Ratione der Laudemien wird das in loco gewöhnliche Procent von dem 25ten Theile des aus den Schöppen-Büchern zu eruirenden Werths sämmtlicher im Dorffe vorhandenen Possessionen zum jährlichen Nutzungs-Ertrag angeschlagen.

§. 76.

2) Ratione der Loßlaßungs-Gelder wird die Anzahl aller unterthänigen Seelen im Dorffe aus dem Seelen-Register eruirt, und auf jede 1 sgr. jährlicher Nutzung gerechnet.

§. 77.

3) Ratione der Abfarths-Gelder wird der Werth sämmtlicher Possessionen im Dorffe wie ad No. 1. eruirt, die gerichtlich versicherten oder sonst bekannten Schulden davon abgezogen, und 1. pro Mille zum jährlichen Nutzungs-Ertrag gerechnet.

§. 78.

4) Der Ertrag der Schutz-Gelder von auswärts dienenden Unterthanen, muß nach einer 6jährigen Fraction bestimmt werden.

§. 79.

5) Wo besondere Dienst-Gelder üblich sind, welche von denen Kindern der Unterthanen als eine Relution der Hofe-Dienste durchgehends, und ohne Unterschied: ob sie auswärts dienen oder nicht, ob die Herrschaft diese Dienste fordert und braucht oder nicht, bezahlt werden müßen; wird die Summe sämmtlicher Dienstbaren Leute im Dorffe, nach Abzug dererjenigen welche Dienstfrey sind, und in deren Kauffen solches besonders bemerckt ist, aus den Seelen-Registern eruirt, mit 18. dividirt, von dem herausgekommenen Quanto die Zahl des nöthigen Hofe-Gesindes abgezogen, und der Rest nach denen in loco gewöhnlichen Dienst-Geldern angeschlagen; Wobey aber auch auf den Unterschied des männlichen und weiblichen Geschlechts zu reflectiren ist, weil die dießfälligen Sätze nach demselben differiren.

§. 80.

6) Roboth-Zinsen welche an einigen Orten, wo mehrere Unterthanen als man zu Bestreitung der Wirthschaft braucht, vorhanden sind, wegen nicht præstirter Hofe-Dienste bezahlt werden müßen, sind nach einem 6jährigen Durchschnitt anzuschlagen.

Tit. XIV.
Fixirte-Gefälle.

§. 81.

Fixirte Gefälle, wohin die Silber-Zinsen der Unterthanen, Mühlen-Zinß inclusive der Kleyen und des Stein-Mehls, und überhaupt alle Arten von Fixirten Abgaben gehören, sind aus den Kauffen, Zinß-Registern und Rechnungen zu eruiren.

§. 82.

Das Gespinste wird rgulariter so hoch angeschlagen, als die Unterthanen das Stück bezahlen wenn sie nicht spinnen.

§. 83.

An denjenigen Orten jedennoch, wo davon sehr niedrige Sätze eingeführt sind, kan das Stück Flächsern Garn zu 4 sgr. und, wercfenes zu 6 sgr. gerechnet werden.

§. 84.

Das Gespinste des Gesindes ist nach eben diesen Proportionen anzuschlagen.

§. 85.

§. 85.

Unbestimmte Gefälle z. E. Eichel-Gräserey, Werder-Zinß u. d. g. sind nach 6jähriger Fraction in Rechnung zu bringen. — Tit. XV. Unbestimmte Gefälle.

§. 86.

Privat-Zölle werden nach der Pacht oder einem 6jährigen Durchschnitt angeschlagen. — Tit. XVI. Privat-Zölle.

§. 87.

Bleichen sind entweder auf einen fixirten Zinß oder Pacht gesetzt, oder es ist die Anzahl der Stücke durch Rechnungen zu eruiren, und was davor gezahlt wird, nach der Gewohnheit des Orts zu bestimmen. Welches auch in Ansehung der Bleich-Walcken und Mangeln statt findet. — Tit. XVII. Bleichen.

§. 88.

Die Nutzung der Eisen-Hämmer ist ebenfalls durch Rechnungen zu bestimmen und darauf zu sehen, ob selbige etwas beständiges oder nur temporelles sey. Letztern Falls kan sie gar nicht angeschlagen werden. Die nähere Bestimmung dieser Rubrique wird denjenigen Systemen, wo selbige am häufigsten vorkommt, überlaßen. — Tit. XVIII. Eisen-Hämmer.

§. 89.

Gleiche Bewandtniß hat es mit denen Glas-Hütten. — Tit. XIX. Glas-Hütten.

§. 90.

Ziegeleyen und Kalck-Ofens, Pottasch-Siedereyen, Pech- und Theer-Oefens werden gleichfalls nach 6jähriger Fraction, jedoch unter Weglaßung aller extraordinairen Fälle, angeschlagen. — Tit. XX. Ziegeleyen, Pottasch-Siedereyen, Kalck-Pech- und Theer-Oefen.

§. 91.

Bey allen diesen Rubriquen muß sorgfältig darauf gesehen werden, daß die gegenwärtige Cultur derselben nicht etwa eine Devastation des Waldes involvire, und daß das dazu erforderliche Holz, wenn es etwa schon bey dem Articul der Forst-Nutzung angeschlagen worden, hier nicht nochmahls zum Ertrag gerechnet, sondern in Decourt gebracht werde.

§. 92.

Von ausgewintetern Bienen-Stöcken wird der Stock zu 24 Sgr. angeschlagen, und so viel gerechnet, als würcklich vorgefunden worden. — Tit. XXI. Bienen-Nutzung.

§. 93.

Seiden-Würmer und Maul-Beer-Plantagen werden nach einer 6jährigen Fraction bestimmt. — Tit. XXII. Seidenwürmer und Maul-Beer-Plantagen.

§. 94.

Eisen-Stein wenn er durchstreicht, wird gleichfalls nach einer 6jährigen Fraction angeschlagen. — Tit. XXIII. Eisen-Stein.

§. 95.

Kohlenwercke, wo solche von Importance sind, müßen durch verexdete Artis peritos aufgenommen werden; wobey jedoch vornehmlich auf die Gelegenheit des Debits und Transports zu reflectiren, und der Ertrag aus denen Berg-Amts-Rechnungen zu eruiren ist. — Tit. XXIV. Kohlenwercke.

§. 96.

Von Stein- und Marmor-Brüchen wird der Debit durch 9jährige Fraction eruirt; wobey jedoch darauf zu sehen: ob solche eine beständige oder nur temporelle Revenüe sind. — Tit. XXV. Stein- und Marmor-Brüche.

§. 97.

Eben so verhält es sich mit allen Arten von Metallen und Mineralien, welche durch den mit dem Arbitrio artis peritorum zu vergleichenden Befund der Berg-Amts-Rechnungen zu bestimmen sind. — Tit. XXVI. Metalle und Mineralien.

§. 98.

Bret- und Schneide-Mühlen, Oehl-Mühlen, Wald-Mühlen u. d. g. werden wenn sie einen gewißen Zinß oder Pacht geben unter die fixirten Gefälle gerechnet. — Tit. XXVII. Bret- Schneide- Oehl- und Wald-Mühlen.

Werden sie aber von dem Besitzer, selbst administrirt so sind dieselben deductis deducendis nach 6jähriger Fraction anzuschlagen.

§. 99.

Tit. XXVIII. Fabriquen.

Bey allen Arten von Fabriquen wird nichts in Anschlag gebracht, als das Materiale so der Fundus dazu suppeditiret.

§. 100.

Sollten hier und da noch extraordinaire Rubriquen vorkommen, welche in diesem Schema nicht aufgeführt sind, so wird denen Systemen das erforderliche deßhalb festzusetzen überlaßen.

§. 101.

Von diesem Ertrage eines Guttes sind sodann seine Onera zu decourtiren, nehmlich
1) Steuern mit dem Quittungs-Groschen.
2) Stein- und Siede-Saltz.
3) Lieferungen, wo dieselben etwa nach Proportion der angenommenen Preiße einen baaren Zuschuß erfordern.
4) Grasungen, wo dieselben bezahlt zu werden pflegen.
5) Geistliche Abgaben welche in baarem Gelde bestehen, (da der Decem und andre Natural-Præstanda bereits oben decourtirt sind;)
6) Gesinde-Lohn und Wirthschafts-Bedienten nach dem Befund.
7) Roboth-Lohn gleichfalls nach dem Befund.
8) Wirthschafts-Nothdurften und Handwercks-Lohn als Schmiedelohn und Eisen, Waagen-Schmier und Theer, Rademacher, Sattler, Riemer, Seiler, Büttner und Zauermauerlehner.

§. 102.

Diese und andre ad Rudricam 8. gehörigen Ausgaben werden regulariter durch den Rechnungs-Durchschnitt erulrt. Jn Ermangelung der Rechnungen wird darauf von dem Malter Außsaat in allen 3. Feldern, nach Unterschied des Bodens, bey habendem oder ermangelndem Materiali, bey Dienstbaren oder nicht Dienstbaren Bauern

1 Rthlr. 10 sgr.
1 Rthlr. 20 sgr.
2 Rthlr.
2 Rthlr. 15 sgr. bis 3 Rthlr.

in Ausgabe gelegt.

§. 103.

9) Wenn der Heu-Zuwachs zur Unterhaltung des Vieh-Standes oder das Holtz zur Wirthschafts-Nothdurft nicht hinreicht.
10) Wenn dem Planteur etwas gewißes ausgesetzt ist.

§. 104.

11 Bey Bestimmung der Bau- und Reparatur-Kosten wird folgendermaßen verfahren.
Die Taxatores müßen die Wirthschafts-Gebäude genau untersuchen, und wenn etwas daran zu bauen oder zu repariren ist, einen Anschlag durch Artis peritos anfertigen laßen. Das dießfällige Quantum wird von dem Capital der Taxe abgezogen.
Alsdann werden sämmtliche Wirthschafts-Gebäude, welche nach denen bey Feuer-Schäden gewöhnlichen Principiis diesen Nahmen führen, der Länge nach vermessen, und auf jede Elle bey steinernen Gebäuden 9. denar und bey hölternen 12. denar an jährlichen Reparatur-Kosten gerechnet, welchen Sätzen nach 6. denar per Elle beytreten, wenn das Gebäude, es sey sonst massiv oder nicht, mit Schindeln gedeckt ist.

§. 105.

§. 105.

Bey Mühlen-Ufer-Wehr und Brücken-Bauen, Unterhaltung der Dämme u. d. g. muß untersucht werden, ob und in wie fern das Dominium dabey concurrire oder nicht, und ist alsdenn nach Beschaffenheit des Wassers und der übrigen Umstände festzusetzen: was darauf gerechnet werden solle.

§. 106.

Ad extraordinaria werden bey jedem Gutte ⅓ pro mille von dem Pretio taxato decourtiret.

§. 107.

Die deductis hisce Oneribus verbleibende reine Nutzung wird mit 5. pro Cent zu Capital gerechnet.

§. 108.

Diesem Capital der Taxe tritt bey

Das Wohn-Haus.

In so fern solches gutt und logeable ist, wird es gerechnet
Auf einem Gutte zu 10000 Rthlr. — 500 Rthlr.
    Von 10000 — 15000 — 1000
    „ 15000 — 20000 — 1500
    „ 20000 — 30000 — 2000
    „ 30000 — 40000 — 2500
    „ 40000 — 50000 — 2800
    „ 50000 — 100000 — 3000
    „ 100000 und drüber — 4000.

§. 109.

Wenn auf einem Gutte mehrere Vorwercke vorhanden, und deren jedes ein sonderes Wohn-Haus hat; Item wenn sich mehrere dergleichen auf gewißen zu einer Herrschaft vereinigten und inseparablen Güttern befinden, so wird regulariter nur eins angeschlagen. Kan aber der Besitzer nachweisen, daß er das andre beständig vermiethen und nutzen könne, so wird der dießfällige Zinß unter der Rubrique der fixirten Gefälle mit angeschlagen; dagegen aber auch die Reparatur-Kosten, auf eben die Art wie bey den Wirthschafts-Gebäuden, decourtirt.

§. 110.

Von dem Capital der Taxe gehet ab
1) die oben No. 11. angezeigten zum Retablissement der Wirthschafts-Gebäude erforderlichen Kosten.
2) Die Defecte des Inventarii, welche gerechnet werden
 1. Kuh á   5. 7. 8. bis 10 Rthlr.
 1. Pferd á   10. 20. 30. Rthlr.
 1. Zug-Ochß   8. 10. 12. Rthlr.
 1. Schaf   20. 30. gr.
oder wie sich die Schäfer in jeder Gegend mit ihrem Zehentel einzukauffen pflegen.
 1. Schwein á   4 bis 6. Rthlr.
 1. Vollständiger Wagen nach Unterschied der Gegend, ob er beschlagen oder nicht, 12 bis 36 Rthlr.
 1. Pflug á   2. 2½ Rthlr.

Die Vieh-Corpora können auch nach den Sätzen der Vieh-Assecurantz angenommen werden.

§. 111.

Alle übrige ermangelnde Nothdurften sind á Taxatoribus besonders zu specificiren, und nach Beschaffenheit der Umstände und der Gegend zu veranschlagen.

§. 112.

Endlich findet man nöthig nachfolgende Anmerkungen zum Gebrauch der Taxatorum beyzufügen.

I. Es verstehet sich von selbst daß über den Actum Taxationis ein umständliches Protocoll geführet, und darinn von Rubric zu Rubric angezeiget werden muß, wie dabey verfahren worden, und was vor Hülfs- und Beweiß-Mittel man gebraucht habe.

§. 113.

II. In specie ist ein jeder Besitzer schuldig, denen Taxatoribus die Wirthschafts-Rechnungen zu ediren, und wenn er dergleichen zu haben in Abrede nimmt, so sind Taxatores befugt, allenfalls das juramentum edendorum von ihm zu fordern.

§. 114.

III. Wo keine Wirthschafts-Rechnungen vorhanden sind, giebt solches in den mehresten Fällen die Præsumtion einer unordentlichen Wirthschaft. Es müssen daher Taxatores bey solchen Gelegenheiten vorzüglich accurat und vorsichtig verfahren, und bey allen Rubriquen, wo sich in verstehen dem simpliciter auf die Rechnungen bezogen werden müssen, das aliunde eruirte niedrigste Quantum annehmen; weiles sich der Taxandus selbst impotiren muß, daß er nicht als ein ordentlicher Wirth gehörig Rechnung geführet hat.

§. 115.

IV. Taxatores müssen sich nicht schlechterdings auf die Wirthschafts-Rechnungen verlassen, sondern solche genau und sorgfältig mit andern Hülfsmitteln zusammen halten, von dem Hofe-Gesinde, denen Unterthanen, auch erforderlichen Falls von denen Nachbaren Erkundigungen einzuziehen suchen, die Ocular-Inspection und ein darnach zu determinirendes vernünftiges Arbitrium zu Hülffe nehmen; und auf irgend einen sich äußernden Verdacht die eydliche Bestärckung der Rechnungen von dem Besitzer fordern.

§. 116.

V. Einem jeden wird nachgelaßen, zu Ersparung der Zeit und Erleichterung der Taxatorum eine Specification der Rubriquen nach gegenwärtigem Schemate, mit Anzeigung derer bey jeder Rubrique vorhandenen Beweiß-Mittel einzureichen; es müssen aber dabey schlechterdings keine Ertrags-Quanta ausgeworffen werden.

§. 117.

VI. Taxatores sollen um alle Privat-Contestationes und Weiterungen zu vermeiden, dem Taxando die aufgenommene Taxe nicht vorzeigen, sondern solche unmittelbar an den Fürstenthums-Directorem einsenden, und der Extrahent kan sich erst nach geschehener Revision und Rectificirung der Taxe bey dem Fürstenthums-Collegio um eine Abschrift von selbiger melden.

§. 118.

VII. Auch muß der Debitor taxandus die Commissarien durch seine Gegenwart nicht beirren, sondern abwarten, was diese von ihm vor Nachrichten und Auskunft fordern werden. Sollte auch das Gutt diese oder jene besondre Rubrique haben, von welcher zu vermuthen, daß die Taxatores nicht von selbst darauf kommen möchten, so muß er ihnen solche schriftlich anzeigen, und die Media solche zu bestimmen, an die Hand geben.

Breßlau den 9. Julii 1770.

Die Unterschrift ist wie bey dem Reglement.

www.ingramcontent.com/pod-product-compliance
Lightning Source LLC
Chambersburg PA
CBHW031606110426
42742CB00037B/1300